Secuestro pulmonar

Seix Barral Los Tres Mundos

Ana Teresa Toro

Secuestro pulmonar

Bajo el sello editorial SEIX BARRAL M.R.
Avenida Presidente Masaryk núm. 111,
Piso 2, Polanco V Sección, Miguel Hidalgo
C.P. 11560, Ciudad de México
www.planetadelibros.us

Primera edición impresa en esta presentación: junio de 2026
ISBN: 978-607-39-4198-3

Impreso en los talleres de Impregráfica Digital, S.A. de C.V.
Avenida 11 # 463, interior bodega 2, Colonia San Nicolas Tolentino
Iztapalapa , CDMX, C.P. 09850
Impreso en México - *Printed in Mexico*

A Odette,
por la belleza y por la fe

Pululamos todos por ahí como atontados,
viviendo un tiempo prestado,
hurtando los días, librándonos del destino,
resbalando por los resquicios sin saber
cuándo va a caernos el hacha encima.

MAGGIE O' FARREL,
Sigo aquí

En llegando a esta pasión,
un volcán, un Etna hecho,
quisiera sacar del pecho
pedazos del corazón.

PEDRO CALDERÓN DE LA BARCA,
La vida es sueño

Lo más profundo es la piel.

PAUL VALÉRY

ÍNDICE

Carne

1

¿Hace cuánto no te columpias? ¿Hace cuánto no te dejas mecer de un lado a otro como si te arrullasen? ¿Cuándo fue la última vez que volviste a nacer?

Llevo años leyéndole el mismo poema a la gente que se me cruza en el camino. *Los columpios* de Fabio Morábito. Es un poema sencillo en el que una especie de prólogo a la vida transcurre en un columpiarse. Cuenta cómo es que los columpios son perfecta y bellamente inútiles, cómo no hay competencias de columpios, cómo cada generación los pinta conforme a sus colores, cómo cuando una se baja del columpio se baja a la vida y a la muerte todavía lejana. Dice algo así, y debería sabérmelo de memoria, pero siempre he preferido leerlo o hablar de él desde el recuerdo, contarlo, invocarlo, no declamarlo, como hago ahora.

Lo que nunca imaginé fue habitar un poema. *Ese* poema. Ocurrió la noche del 25 de mayo de 2023. Después de unas seis horas de cirugía para removerme más de la mitad del pulmón izquierdo. Un lóbulo y medio podridos a cuenta de incontables pulmonías y cicatrices provocadas por una malformación genética, condujeron a ese día en el que me despertaron en la unidad de cuidados intensivos del hospital Pavia de Santurce. Recuerdo abrir los ojos y empezar a moverme lentamente como un pulpo fuera del agua. No tenía idea de cuántas extremidades tenía, ni de qué partes del cuerpo eran mías y cuáles ajenas. Un acceso venoso central salía del lado izquierdo de mi cuello, tenía una sonda metida en mis entrepiernas, una aguja fina, muy fina, pero más dolorosa que todas las demás atravesaba mi muñeca derecha y recogía los gases arteriales. Nunca busqué en Google la especificidad y explicación de ese dolor en particular. Se cansa una de entender el dolor. Con sentirlo, a veces, es más que suficiente. Otras, me urge entender, me creo esa idea de que entender es aliviar y me obstino en hurgar, buscar, comparar datos, experiencias, estadísticas, cualquier cosa, que provea algo de sentido al dolor. Cuando lo consigo, acepto el dolor en paz. Si va a ocuparme, que, al menos, elabore sus razones. Discernir entre cuándo es mejor apostar a la bendición de la ignorancia y cuándo aferrarse a entender es lo verdaderamente difícil. Esa noche, ya había entendido demasiado.

Tenía líneas —agujas con sondas— tomadas en venas en mis pies y en ambas manos, una herida fresca que se extendía a lo largo de la mitad de la espalda, dos costillas rotas que no se pegarían jamás porque el pedazo de hueso que hay que romper para entrar al pulmón se desecha, y dos tubos de pecho que me salían del costado, del tamaño de las mangueras con las que mi madre se obsesionaba en limpiar las aceras los sábados al amanecer. Sentía los dos tubos anchísimos metidos bien adentro, arriba en la espalda, entre el omóplato y los músculos y los nervios que hay por ahí. Cada respiración era una acción dolorosa, pero valiosa. Como casi todo lo que vale la pena, o al menos, lo que había valido la pena en mi vida hasta ese momento.

San Juan de la Cruz pensaba en respirar como dejar pasar a Dios, un estado que debe sentirse placentero, elevado, profundamente espiritual, místico, sin más. Pero esa noche, si Dios me iba a atravesar, lo haría por la vía de la ruptura; como un aire de huracanes que todo lo destroza, un aire violento que te obligará a volver a la vida quiéraslo o no. Respirar, en ese instante, era un vaivén inevitable y castigador, una columpiada dolorosa. La pulsión de aguantar el aire para suprimir el dolor se encontraría toda la noche con la pulsión de vida de un cuerpo que ha decidido funcionar. Yo no quería estar ahí. Ni en ese columpio, ni en ese cuerpo, ni en ninguna parte.

Me seguía moviendo como una mujer atrapada en un cuerpo de pulpo y atravesada por otros cuerpos extraños y ajenos. No encontraba cómo estar ahí metida en esa carne y sostenida por esos huesos. Finalmente, llegó el primer pensamiento consciente: había sobrevivido a una cirugía mayor. El testamento que había escrito no sería necesario. Tendría que aprender a respirar, a entender ese concepto tan incómodo que es renacer. Debía estar feliz, pero no me soportaba. Entonces, volvió el columpio.

Esa noche no sabía cómo habitar ese cuerpo nuevo que me había nacido; ese extraño renacimiento. Recuerdo ver a mi hermana llegar y mirarme con una mezcla de angustia, asombro y preocupación. Me impresionó. No suele alarmarse fácilmente. Ella es médico y es cirujana. Sabe que lo está viendo no se ve bien y yo, que no sé nada, pero sé leer, lo leo todo en su mirada. Se asomó a la camilla mi madre y me observó con un gesto de miedo, dolor y compasión.

Se asomó a la camilla mi padre e intentó tomar una fotografía que rechacé con el gesto. Ahora pienso que quizás la hubiese querido ver. Me da curiosidad esa escena que tengo tan clara en la memoria, pero no imagino cómo se veía aquello. Quisiera ver cómo es que una se ve cuando le aturde la mirada a los demás. Por morbo y por si un día reconozco esa mujer rota en el espejo.

Les permitieron estar allí, en la unidad de cuidados intensivos, poco tiempo. Se fueron pronto y me quedé a solas con los sonidos de las máquinas, los botones que se prenden y apagan, los tubos con líquidos que entran y salen, con la insoportable sensación de querer escapar del cuerpo. No debieron despertarme.

Frente a mí, un hombre que acababa de sobrevivir a una cirugía del cerebro, y tenía sus ojos vendados, intentaba pedir cosas y hablar y yo no alcanzaba a entender lo que decía. Escuchaba sus murmullos atravesados por el sonido de los carros y las ambulancias en los alrededores del hospital. De inmediato comencé a consolarme por la vía del descarte: tiene los ojos vendados, yo puedo ver; le operaron el cerebro, eso debe ser terrible, a mí nada más me duele respirar. Con el tiempo entendería que con el dolor, la mayoría de las veces lo que importa es que sea tuyo. Conviene ganar perspectiva, comparar circunstancias, ponerse siempre en el zapato ajeno, pero ni hay que enamorarse del propio dolor, ni ningunearlo. Es tuyo, tienes que bregar con él. Y su tamaño pertenece al lugar que le adjudiques en tu historia.

Hay gente que se enamora de su dolor y lo convierte en el epicentro de su identidad. Los entiendo. El dolor provee una cantidad de significados y posibles historias en las que uno siempre suele ser inocente. Entretiene el dolor. Te permite salir airoso, evadir responsabilidad y evadirte, te provee —por la vía de la incomodidad y el malestar— un alivio a la propia existencia. Esa idea de que el dolor es algo que te pasa a ti y tú eres el ente pasivo que lo experimenta es tentadora. No la comparto. Más bien me provoca algo así como alergia. No tengo vocación de mártir. Me atormenta pensar que el dolor es algo particularmente especial que te pasa solo a ti. No concibo mayor absurdo.

El dolor es quizás la parte más determinante de la condición humana y ya está. Hay que adjudicarle tamaño, lugar, hay que contarse a uno mismo su propio dolor. Organizarlo, pero anclarse en esa experiencia y convertirse en abanderados de la calamidad es algo para lo que no estoy hecha. Este texto es un intento de arrancar esa ancla y organizar el dolor. Por eso lo evadí todo lo que pude. Uno siempre evade lo más que necesita.

Tardé demasiado en tener el valor de escribir acerca de este momento. Por dos años me paralicé. Hice índices, bosquejos, intenté abordarlo en el formato de una crónica falsa porque no encontraba cómo contar lo que pasó sin la salvaguarda de poder decir que algunas partes eran ficción. Intenté justificar mi cobardía con la posibilidad de armar un experimento creativo. Fracasé en el intento, pero como dice el maestro Martín Caparrós, uno llega aquí a fracasar mejor.

Además, creo en el pudor como un modo de vida, y la idea de explayarme y contar algo íntimo y, por su propia naturaleza, doloroso me parecía de una vulgaridad descomunal. Poco más y me toco los violines. No hay nada más indigno que cogerse pena. Y en este proceso vivido hubo mucha tentación de hacerlo. Es una salida fácil. Requirió mucha disciplina no llegar ahí.

La pulsión de esta historia entre los dedos no se fue. Me persiguió, me atormentó en forma de pesadillas, me obligó a tomar notas en el celular de madrugada, o en incontables documentos nuevos que abría para escribir recuerdos, imágenes, fragmentos de lo vivido. Había tenido acceso en primera fila a una forma del dolor que no todo el mundo experimenta, pero la mayoría entiende. Aprendí a pensar con la carne, y eso es digno de contarte.

Pensaba mucho también en la inmensa obra *Ariel* de Sylvia Plath y en el modo en que trata a su dolor como un animal que aprende a hablar. Tenía que esperar que pasara algo de tiempo, que ocurriera la educación, que se instalara en la carne el vocabulario.

Mientras acumulaba recuerdos, leía todo lo que caía en mis manos acerca del cuerpo como un lugar desde el cual se hace mucho más que sentir; desde el que se piensa, se navega la mente, se reconstruye el interior. Está de moda el tema, como si finalmente el *mainstream* hubiese entendido lo que en el Caribe —y en tantas otras culturas alrededor del mundo— ha sido lo más natural del mundo. Que el cuerpo no solamente experimenta el pensamiento, sino que también incide en él, lo genera. Es posible acceder al intelecto desde la carne, desde el movimiento, aunque esa posibilidad aterre por las razones obvias. Animalitos pensantes, pero animalitos al fin.

Aun así, esta rama del conocimiento se expande. Ahora le llaman cognición corporizada y combina la psicología cognitiva, el estudio del movimiento y la neurociencia. El cuerpo en comunión con su entorno influye en el proceso de razonar; es decir, que el pensamiento no ocurre en el cuerpo, ocurre como cuerpo en sí mismo, ocurre con el cuerpo. No tengo duda de que así sea, quien escribe sabe que se piensa primero con las manos y que las palabras no se atascan en la cabeza, sino en las yemas de los dedos, o que el momento en que uno más escribe es cuando sale uno a correr o a caminar o se pasa el día organizando o limpiando la casa.

Hay una amplia literatura científica y filosófica sobre el tema del cual comenzó a hablarse en estos tiempos de modo más abarcador desde la publicación en 1993 del libro *La mente encarnada*, una coautoría de Francisco J. Varela, Evan Thompson y Eleanor Rosch; un clásico ya en este campo. La idea que propone en torno a que la mente opera como un proceso vivo y cambiante que ocurre en el cuerpo, tomando en cuenta el modo en que el cuerpo interactúa con su entorno, seguiría generando más investigación e interés a lo largo de las décadas. Pero vuelvo a ese libro, sobre todo, por su título. Esa noción de una mente que precisa de la carne, un yo que no puede construirse en ausencia de la materia que le sostiene, me resulta tan tormentosa como fascinante. Además, genera tantas dudas incómodas. ¿Cómo se altera el pensamiento de quienes no pueden moverse? ¿Qué pasa en la mente de un cuerpo atravesado por el dolor? ¿Cómo la carne propia y viva nos altera los filtros que usamos para leer el mundo?

También fascina la importancia del espacio físico y el entorno social en el que ocurre el pensamiento, como lo argumenta la periodista científica Annie Murphy Paul, autora del libro *La mente extendida: El poder de pensar fuera del cerebro* (2021), en el que plantea principalmente que nuestra capacidad de pensamiento e inteligencia existe en redes que integran el cuerpo, el espacio y las relaciones humanas que cultivamos.

Estas ideas son la punta del iceberg de la mirada más fresca a la distinción filosófica —entre la mente y el cuerpo— que puede rastrearse hasta los griegos en lo que al pensamiento occidental se refiere. Pero fue René Descartes (1596-1650) quien se ocupó de la primera explicación del sistema de relaciones entre ambos. Si Platón desconfiaba del cuerpo y Aristóteles veía el movimiento y la danza como una acción con sentido, resultado de la unión de alma y cuerpo, Descartes propondría un divorcio mayor. El cuerpo supeditado a la mente, siempre superior. El cuerpo como una máquina al servicio de la mente y, sobre todo, una máquina imperfecta que suele engañar y confundir al percibir la realidad con la subjetividad de los sentidos. Con su «pienso, luego existo» quedó fijada en el tiempo esa separación entre mente y cuerpo, en la que el segundo adquiriría siempre un matiz de inferioridad. Naturalmente, esto es una simplificación de un cuerpo de trabajo filosófico mucho más complejo, pero viene al caso esa simpleza porque cuando el cuerpo se rompe, se rompe el pensamiento con él, se interrumpe la existencia. Todo a la vez.

Y un cuerpo roto también piensa, aunque el ruido que impone el dolor dificulte la posibilidad de acceder a ese pensamiento. En la unidad de cuidados intensivos los pensamientos eran un desorden, y lo serían por mucho tiempo. Tendría que llegar el momento en que respirar dejara de ser un acto consciente la mayor parte del tiempo y las manos asumieran la voluntad de soltar palabras entre los dedos para poder ordenar ese caos al fin por la vía de la palabra. El trabajo, entonces, sería la memoria. Al fin y al cabo, sí quiero entender qué fue lo que pasó por este cuerpo. ¿Para qué? Para lo mismo de siempre, para otorgarle sentido a lo que no lo tiene, para reclamar este cuerpo como propio, para entender cómo es que esa máxima que sentencia la superioridad de la mente sobre la materia a veces puede revertirse. Entonces, cuando los pensamientos te fallan y prefieres morirte, el cuerpo insiste en vivir. Quizás una de las lecciones del dolor sea la capacidad que tiene de darle la palabra a la carne.

Con el paso de los meses olvidé muchas cosas o, cuando menos, la precisión de la memoria se tornó difusa. Pensé mucho en las palabras del neurocientífico argentino Facundo Manes, que le escuché enunciar en 2016 cuando visitó San Juan para participar del Congreso Internacional de la Lengua Española. Allí el doctor me recordó insistentemente en la entrevista que le hice que la memoria era la parte más creativa del cerebro. Entonces, mi fracaso en este ejercicio de organizar la memoria no sería absoluto, pero el pudor, ese no regodearse en el propio dolor, no habría que abandonarlo jamás.

De todos los olvidos, uno de los que más me pesa es el no poder recordar el nombre de la enfermera que quedó a mi cargo aquella primera noche. Estaba oscuro cuando me despertaron y el tiempo empezó a transcurrir no como reloj de arena que, aunque lento, se mueve rápido, sino como reloj de salón con segundero sonoro. Cada segundo, cada respiración era insoportable. No encontraba cómo estar, cómo ponerme, cómo habitar este cuerpo raro, invadido y devaluado. Un pedazo de órgano menos. Un pedazo podrido e inútil. Un cuerpo que alimentó enfermedad. Un cuerpo enfermo, frágil, seco.

—Tranquila, todo va a estar bien, me dijo otra enfermera antes de la cirugía, cuando ya estaba en sala y comenzaba el baile de casi diez personas, ¿o serían más?, armando la función de la mañana. Son bailarines esas personas. Se mueven en una sala de operaciones con una coordinación y un dominio de la coreografía intimidante. Tú eres allí un pedazo de carne, excepto para la enfermera que te mira a los ojos y, cuando te van a poner la mascarilla con la anestesia y la rechazas porque te mueres de miedo y te das cuenta de que es una posibilidad que ese sea tu último instante consciente de vida si las cosas salen mal, se acerca a ti y te dice que todo va a estar bien. Eliges creerle. De eso se trata la fe, siempre una elección irracional. Tiene tanta belleza el alivio de pausar el raciocinio. Entregarse a la duda, al misterio, al silencio.

Es bueno que una se sienta allí como un pedazo de carne. Si una cosa quieres de tu cirujano y su equipo, es que dejen las emociones a un lado y trabajen en tu cuerpo. Aun así, ese instante antes de dormirte se siente como un final. Porque lo es.

Recuerdo el rostro de esa mujer pero no mucho más. Recuerdo que abogó por mí cuando el técnico de sala trató de ponerme la aguja en la muñeca para los gases arteriales. Ella sabe lo que duele.

«No la tortures, deja que la duerman», dijo la enfermera, y me salvó de sentir una vez más esa aguja finísima que te hace olvidar todo lo que sabes sobre el dolor y la respiración, y que un respiro a la vez y toda esa cosa se dice fácil cuando la vida no se te escapa por una arteria. O, peor, cuando el problema es precisamente que se supone que respires profundo para calmarte y que no te duela, pero justamente lo que no consigues es respirar.

No recuerdo el nombre de ninguna de las dos, pero sí sus rostros. La mujer que estuvo a mi lado cuando me despertaron —un poco a lo bestia, a decir verdad— lo primero que hizo fue explicarme que lo que estaba sintiendo era real. «Eso duele igual o más que una cirugía de corazón abierto. No estás loca», me dijo sin yo hacerle una sola pregunta, pero habiéndome leído la mirada de confusión y desesperación. Me aliviaron sus palabras. La impresión de un dolor nuevo a veces requiere permiso para sentirse.

Al rato me dieron un botón para apretar cada vez que tuviese una necesidad. El aparatito se escurrió en la cama y tardé horas —la verdad no tengo idea de cuánto tiempo, cuando algo duele el tiempo es elástico, se expande—, o lo que sentí como un largo rato, en poderlo encontrar. No tenía voz para gritar. Me retorcía en la cama (a lo mejor me movía poco, pero así se sentía) pidiendo ayuda, pero de mi boca no salían más que unas cuantas babas y un sonido extraño a mis propios oídos que no lograba consolidar una palabra aunque me esforzase. Nadie me iba a escuchar. No era capaz de emitir un sonido que alguien más fuese a descifrar, aunque por dentro sentía un estruendo. No es usual atragantarse con un grito. Gritar y que no salga nada. El dolor puede convertirse en el más tremendo de los tapabocas.

Finalmente encontré el botón y lo apreté. No lograba hablar, ni decir lo que quería decir. Tampoco sabía lo que quería decir, pero ella llegó y entendió. No sabía cómo acomodarme, cómo pasar el resto de la noche metida en esa carne acuchillada y doliente que no me dejaba pensar. Entonces, ella llamó a un enfermero, un muchacho joven, fuerte, que en mi imaginación o delirio me pareció guapo. Ahora lo pienso y me da ternura el haber tenido la curiosidad de encontrar belleza en un momento así. Me dio vergüenza que un hombre guapo me viera tan destrozada. ¿Serán esas las ganas de vivir? ¿Queda espacio para la vanidad en medio de un instante así?

A lo lejos, me pareció haber escuchado, minutos antes, al guapo haciendo bromas con los otros enfermeros. Coqueteaban con las enfermeras más jóvenes. Vivían mientras meneaban y cuidaban cuerpos interrumpidos en la unidad de cuidados intensivos. Él se acercó y entre los dos entendieron y entre los dos me levantaron en peso, 98 libras de vida nueva. ¿Cómo es que no me morí? ¿Cómo es que tengo que empezar todo esto de nuevo? No se supone que uno recuerde nada del nacimiento y justo esta memoria es la que no se borra.

Cuando lograron sostenerme en el aire cada uno por un lado, comenzaron a mecerme al frente y hacia atrás. Me columpiaron. Me arrullaron. El vaivén me alivió y luego de un rato sereno flotando entre los dos me colocaron en la cama, doblada hacia el lado contrario de la herida y de los tubos, y lograron acomodarme, junto con unas cuantas almohadas, en una posición tolerable por unas horas. No dormí, ni el dolor paró un instante, pero pude estarme quieta, y eso iba a ser suficiente.

Me permito romantizar ese instante, porque esas dos personas me columpiaron de vuelta a la vida, como a una bebé cuya madre calma en la mecedora. A la vida se llega en movimiento. Quizás ahora entiendo por qué he sido predicadora de los columpios. Mientras estás en ellos, en pleno vaivén, la vida ni empieza, ni acaba. Hay un descanso, una pausa, un ensayo de la muerte, pero un ensayo feliz y juguetón. Y hay tantas veces en las que no quiero la vida, ni la muerte del todo. Quiero el vaivén. Hay momentos en la vida en que columpiarse es urgente. Si nacer es un misterio, renacer es duplicar con la misma intensidad la maldición y bendición de esta condición. Debía estar feliz, pero solo podía pensar una cosa: no debieron haberme despertado.

Habría sido mejor no recordarlo. El olvido es el orden de las cosas. Desafiarlo es de una estupidez profundamente humana. Olvidamos. Tenemos suerte. Sería una maldición recordar el primer respiro. Olvidamos para sobrevivir. Olvidamos para soportar. Olvidamos porque es un sinsentido darle total libertad a la memoria. No tiene vocación de infinidad. Se edita sola. Se cuenta a sí misma. Se construye a base de olvidos.

Decía Alejandra Pizarnik en sus diarios que el olvido es una forma del vacío, y en ese momento habría dado cualquier cosa por habitar ese vacío, por perder la mente, por nublar todo pensamiento, por no tener conciencia de lo que estaba pasando. Porque el vacío es un lugar más concreto que el espacio ocupado. O, quizás, por no exagerar, al menos —si no concreto— muchísimo más elocuente. Un momento. Pausa. Voy a dejar de retractarme al escribir por el motivo de siempre, esa sensación de vergüenza y terror ante el atrevimiento de articular una idea incómoda. Cuando lo hago, inmediatamente me echo un poco hacia atrás, suavizo la frase. Uso palabras como «parecería» tal cosa, en lugar de simplemente decir lo que me parece sin tanto preámbulo y ambigüedad. Dudar es poderoso, pero demasiadas veces las mujeres escribimos así. Lo hacemos públicamente hace tan poco tiempo que algunas aún nos dejamos afectar por el miedo escénico de la palabra escrita en el escenario del pensamiento. Así que divago, me arengo y reafirmo: es más concreto el vacío y se acabó. Eso es todo lo que quería decir. No pasó nada. No era para tanto. Nunca lo es.

Hay olvidos eficientes, otros dolorosos, los hay insoportables, perturbadores, como aquella vez en que casi un año después de la muerte de mi abuela marqué su número de teléfono para consultarle un detalle de una receta. ¡¿Cómo se me pudo olvidar que había muerto?! Después de haberla llorado tanto, de haberla acompañado en su lecho de muerte, de haber heredado su anillo, de haber conseguido un cepillo y un poco de fijador de cabello para peinarla como a ella le gustaba antes de que cerraran el ataúd, cubriéndole la frente hacia un lado.

Hay olvidos absurdos también, vergonzosos, bloqueos, olvidos elegidos, olvidos que son el producto de mucha falta de amor o de tanto amar que la propia mente decide salvarte de ti misma y te arranca memorias para sobrevivirte. *El olvido que seremos* dice el poema de Borges y el libro de Héctor Abad Faciolince que, así titulado, adquirió una dimensión universal no solo por lo que narra sino —sospecho— también por esa certeza de nuestra eventual desaparición que se convierte en una brújula para la lectura, y en lugar de intimidar o asustar, alivia. Sabernos temporeros: no concibo felicidad mayor.

Se supone que sea todo lo contrario, que persigamos la permanencia, que luchemos contra el regreso al polvo. Me da un cansancio. Qué aferrados estamos a la carne, qué fácil nos olvidamos de que la única belleza constante es la que dura poco, la única que logra vencer a la memoria e instalarse en ese infinito que es la memoria de todos. Algo así como Dios.

En este punto ya comienzo a fracasar como cronista. He caído en la trampa máxima: he hablado demasiado de mí. Sobre todo cuando soy la primera en decirles a mis alumnos que al escribir, lo que les pasa o les cruza el pensamiento, no le interesa a nadie, si tienen suerte a su mamá. Insisto en que el trabajo es construir un espejo, que nadie lee queriendo saber de ti, sino buscando encontrarse en una historia. Habré de salvarme apostando a *la eficacia del fracaso*, como se titula aquel libro hermoso del profesor de letras Francisco Layna acerca del Quijote. O mejor, conciliaré esta contradicción afirmando lo inevitable que es contradecirse, casi siempre, en aquello que más nos importa. Consolada quedo.

Además, debieran preocuparme algunas cosas peores. He casi mentado a dios, ¿Dios? Como siempre, cuando una quiere hablar de la carne, se entrega a pensar con las manos y los dedos dibujan otra ruta. Estoy viva. La carne aún caliente habitada por verdades y ficciones. No he venido a pensar en Dios, pero no me queda más remedio que dar paso a lo que el verbo impone. Después de todo, ¿no era así la cosa? Carne. Verbo. Encarnación. Nacer. Renacer. El vocabulario es también una sentencia.

2

A los ocho años empecé a generar un sonido extraño al respirar. Era como un soplo. Después de cada cierto número de respiraciones emitía un sonido al exhalar, como si el proceso mismo de liberar el aire requiriese de un esfuerzo adicional. Intento imitar ahora aquel sonido y la memoria del pecho se activa fácilmente. El ritmo es familiar, respiro, respiro, y exhalo como empujando del pecho alguna cosa atascada.

Luego de meses de cultivar ese hábito extraño mis padres se comenzaron a preocupar. Acordaron llevarme a un neumólogo pediátrico en la zona de San Juan. Crecí en el campo, así que el traslado a la cita tomaría una hora. Para todos los efectos, una aventura. No tengo un solo recuerdo de mis padres juntos.

Se separaron siendo yo muy pequeña y el divorcio se prolongó por años dejando unos cuantos escombros a su paso. Pero ese día, a los ocho años, con el soplo en el pecho nos encontramos los tres en el mismo estacionamiento. Llegaron por separado, yo con uno de ellos, no recuerdo cuál, pero cruzamos la calle juntos los tres. Yo en el medio agarrándole la mano a cada uno. Es la única vez que eso pasó y por alguna razón significó más de lo que debiera. Hoy día, me parece casi un poco absurdo, infantil, exagerado ese anhelo, esa imagen de las dos manos agarradas y una en el centro, pero la niñez es un lugar que me niego a juzgar con estos ojos que ya han visto tanto. Para esa niña sostener esas dos manos a la vez significó mucho más de lo que esta mujer es capaz de entender hoy.

Al llegar a la consulta el médico me evaluó, escuchó mis pulmones, apretó mi espalda, metió sus dedos entre mis costillas, soplé unas cuantas cosas, todo un examen. En un momento me mandaron a salir. Mis padres se quedaron adentro. Cuando me llamaron la energía en el lugar había cambiado completamente. El doctor comenzó a describir un procedimiento tremendo, que sería necesario si el tratamiento indicado no funcionaba. Debía introducir un tubo por mi nariz y atravesar toda la ruta hasta los pulmones. Me explicó que solo podría hacerse sin anestesia, insistió en lo doloroso que era. Es la única manera de destapar el bloqueo, o algo así dijo. Yo me imaginaba el tubo entrando por la nariz, rompiendo membranas, chocando con nervios, abriéndose paso bajo las capas de piel y me daba terror. Lo imaginaba además con mucha precisión, estudiábamos en la escuela por esas fechas las partes del cuerpo y el conocimiento fresco ante la amenaza nueva lo tornaba todo muy cercano y aterrador.

Les dio a mis padres una receta y a mí me indicó que debía dormir con varias almohadas, casi sentada, y unas cuantas instrucciones más. Y así ocurrió. Tomé una serie de medicamentos de sabor amable por unos días, dormí casi sentada por semanas y el soplo poco a poco fue desapareciendo. Nadie habló más del tema.

Años más tarde mi padre me revelaría lo que se habló en mi ausencia en aquella oficina. Que no tenía nada, dijo el doctor. Que todo era mental. Que el miedo al dolor del supuesto procedimiento me iba a quitar el supuesto soplo. Que los medicamentos eran placebos. Que no pasaba nada. Cuando me enteré no me sorprendió. Sentí vergüenza, algo de duda y curiosidad por conocer al fin la raíz de aquel respiro esforzado. Habrían muchas bronquitis y pulmonías en la niñez y la adolescencia. Jamás pensaría en vincularlas con aquel soplo. Aquello pasó, de eso nunca más se habló, ni mucho menos se pensó en visitar un psiquiatra o un psicólogo. Eso en los noventa era de una indignidad inimaginable. Pasó y ya pasó y así con todo.

No sabré nunca si fue solo mental o si algo de lo que vendría después tuvo que ver con aquel momento. Tampoco creo que importe demasiado, como tampoco me permito el lujo de andar por la vida anhelando andar agarrada de manos. No lo digo con lástima, domesticar los deseos y dejarlos salvajes de vez en cuando es un camino a la tranquilidad muy poderoso.

3

Fui una niña muy mona, como dicen por ahí. Tenía el cabello lacio, negrísimo, lustroso, una pollina abundante, ojos enormes, oscuros y la parte blanca del ojo de un tono de azul claro perceptible para quien prestara la suficiente atención. Ganaba cintas azules de primer lugar en los días de juegos y no sabría en toda la etapa escolar lo que era sacar una B. No lo digo con orgullo, sino con tristeza. Privarse tan pequeña del error, del fracaso, del espacio para crecer no le hace bien a nadie.

Era también una niña muy tímida. Recuerdo claramente el primer día de kínder. Tenía tanto miedo de alzar la mano para ir al baño que, cuando finalmente me atreví y llegué al baño, me oriné encima. Me pasé la tarde buscando la manera de que nadie notara que las medias estaban mojadas. La timidez no la cura nadie, pero se aprende a disimularla mejor.

También a los ocho años me volví una niña rellenita. Cachetes por todas partes, ropa un par de tallas por encima de la edad. El desparrame me duró hasta sexto grado. Habrán sido las hormonas o algún parteaguas en ese momento que no logro recordar, pero lo cierto es que llegué a séptimo grado un poco más alta, más liviana y, si bien no volví a ganar primeros lugares en los días de juegos, me dediqué a bailar, a escribir las obras de teatro escolar y a navegar la preadolescencia intentando hacer las paces con aquel cuerpo en deformación que no acababa de entender. Bienvenida fui a la era de la fruta.

El primer sostén que usé fue un experimento. Me incomodaba sentir la tela entre medio de mi pecho y la camisa, pero mi mamá me explicó que había que ponérselo, que una no podía andar así con los pezones expuestos porque no iba una a saber a quién provocaban. Con aquel primer brasier, que era casi una camisilla corta de tamaño mínimo (doble A), me quedó claro que la mayoría de las decisiones que se tomaban respecto a mi cuerpo: cómo se veía, cómo se movía, cómo se vestía, no tenían que ver conmigo sino con el modo en que otros podían controlar los suyos. Mi cuerpo estaba sujeto a los humores de otros cuerpos.

No protesté. Me lo puse. A esa edad uno siempre quiere crecer. Hasta que se da cuenta de que no es la panacea de libertad soñada en la niñez. Es extraño que piense eso. Tengo muy claro, desde siempre, que no me gustan los niños. El mundo infantil me aburre como una ostra. Me gusta la gente adulta, tengan cinco o 75 años. Quizás lo que quería en ese momento era un cuerpo que reflejase esa intención de adultez que sentí propia desde el jardín de infantes.

El segundo llegó cuando me empezaron a crecer los senos. Era uno sencillo, copa A, que —como casi todo— le heredé a mi hermana mayor. Recién había superado la primera crisis existencial de la niñez que ocurrió cuando fui a cumplir diez años y me dio una especie de ataque de nostalgia. ¿Cómo era eso de que a partir de ese momento iba a tener una edad que tuviese dos dígitos? El salto a la decena me parecía cuántico, intimidante, preocupante. Sospechaba, o más bien sabía, que muchas cosas cambiarían, que mi cuerpo no sería el mismo y con los cambios vendría mucha menos libertad. La certeza de que se perderá libertad siempre aterra.

Por eso no me sorprendió mi reacción, cuando me eché a llorar desconsoladamente al ponerme aquel brasier copa A. Por encima de mi camiseta de niña se veían los senos asomándose ya, agarrando forma. Miraba hacia abajo y ya no veía mi ombligo. Estaba cambiando. Emanaba más olores. A veces a fermentos, otras a podredumbre, y de vez en cuando a un tipo de dulzor que no había percibido en la vida. Nuevas sensaciones vendrían después. Nuevas formas también. La panza redonda de la niñez se convertiría en cintura. La madurez traería consigo carnes más blandas, zonas más pulposas y el instalado temor a que el cuerpo que se habita está bajo asedio por naturaleza. Crecer también es redefinir lo natural.

Acabábamos de graduarnos de sexto grado y ya, a muchas de las niñas del salón, nos había bajado la regla. Habíamos recibido aquella charla en la clase de salud en la que nos advertían acerca de todas las enfermedades de transmisión sexual habidas y por haber, y nos taladraban en el cerebro la idea de que tener sexo era un camino inevitable al embarazo juvenil, al estigma social, a una vida de mujer perdida y de pérdidas irreparables. Aún no éramos adolescentes, no nos habíamos encontrado bien frente al espejo, pero ya teníamos claro cuál era el único, el principal, el más importante peligro al que nos enfrentaríamos.

Recuerdo el vocabulario de aquellos encuentros: clamidia, sífilis, herpes. Todas ellas me parecían palabras sonoras, hermosas, un poco místicas incluso; hasta que las imágenes gráficas de sus significados hicieron el trabajo de despojarlas de toda posible lectura digna. Esto era preocupante, pero jamás tanto como la posibilidad de quedar embarazada. En la escuela de mi pueblo hubo un «brote» de embarazos adolescentes. Era común ver a muchachas de mi edad, o un poco mayores, con sus uniformes escolares cuadriculados, adaptados a la forma física del embarazo. Pasaba a todos los niveles. En las noticias leí la historia del alcalde de mi pueblo, quien pronto sería padre por primera vez y la madre de su hijo era una joven de 15 años de una de las escuelas superiores del pueblo. Un periódico local le dio una portada a la joven pareja.

Todo nos recordaba lo que había que temer. La posibilidad del embarazo estaba cada vez más cerca. Recuerdo cuando una de las jóvenes que tomó las clases de catecismo conmigo quedó embarazada. Los adultos que conocía dictaron la misma sentencia: se echó a perder. Como si la posibilidad de vivir dependiera de tu capacidad de tener las piernas cerradas, como si tu existencia —tu pureza (valor maldito), tu dignidad (cuánta manipulación) y tu lugar en la sociedad (cuánta doble moral)— dependiera de un instante. La veo en las redes sociales hoy día plena y feliz y me encanta cuando alguien reescribe y hace lo que le da la gana con las sentencias impuestas.

Me transporto a ese momento y me observo adolescente, notando con algo de curiosidad cómo era que nadie nunca hablaba de los padres de esos niños. Ningún hombre estaba amenazado de «echarse a perder» si embarazaba a la noviecita. Cualquiera podría pensar que el sexo no tenía ningún efecto en la vida de los varones. Lo natural era crecer interpretando o asumiendo que las niñas éramos un ente pasivo, una cosa a la que le pasaban cosas y el único papel que podíamos asumir en el proceso era el de decir que no con firmeza, y si ese no fallaba, darse por perdida. Me inquietaban todas estas cosas, me aterraba crecer y tener que vivir para defenderme de una amenaza que no entendía muy bien. Y la verdad en ese verano del 1996 lo que yo quería era patinar, no andar con tantas tribulaciones. Acababa de cumplir 12 años y por fin había heredado los patines de línea de mi hermana.

Junto a un pequeño grupo de amigos y amigas de la escuela, fui invitada a pasar un fin de semana en un apartamento cercano a la playa. Cualquier cosa que implicara ir a San Juan era todo un evento. Fuimos emocionados y yo llevé mis patines.

Salí con una amiga a patinar en la mañana por la zona, ensayando un poco de aquella libertad que niños y niñas de esa edad teníamos en el pasado. Nos sentíamos grandes. Una nena de Aibonito y otra de Cidra, ¡patinando por el Condado! Eso era la gran cosa. Extraño tanto cuando las cosas podían ser la gran cosa.

No habían pasado cinco minutos desde el inicio de nuestro recorrido, cuando dos muchachos un poco mayores nos pasaron por el lado, nos miraron de arriba abajo evaluando cada recoveco de nuestros cuerpos y se dijeron el uno al otro, pero mirándonos directamente: «Dale un par de añitos más».

En ese instante entendí lo evidente: muy pronto llegaría el tiempo de la fruta. Muy pronto la libertad se parecería demasiado al peligro. Lo peor de todo es que en ese momento y a los doce años, me pareció maravilloso que eso hubiese pasado. Que un hombre pensara que mi amiga y yo teníamos el potencial de ser guapas en el futuro, de ser consideradas dignas de miradas y atención, era emocionante, importante. La niña que fui se sintió bien, halagada. Lo triste sería que nadie te gritara en la calle, pensaba. Lo incómodo sería no cumplir con la narrativa: creces, embelleces, te eligen. Por suerte, crecer, también es reescribirse. Por suerte, crecer, es preñarse de una misma y parirse por fin, sin tantos temores, sin tantos absurdos. Caerse del palo de puro madurar. Caerse. Caer. Verbo fundamental.

4

Tengo un tatuaje en mi cadera izquierda que lee: «Fuego soy apartado y espada puesta lejos». Me marqué esas palabras en el año 2007, sin saber que ese mismo año la poeta nicaragüense Gioconda Belli publicaría un libro de poesía con esa misma frase como título. Pero así son las ideas, flotan y la gente las atrapa como puede. En aquel tiempo, ella —poeta inmensa, mujer sabia— tenía palabras propias. Yo apenas pude hacerlo en tinta y carne.

La frase es un fragmento del famosísimo monólogo del personaje de la pastora Marcela, que aparece en la primera parte de *El ingenioso hidalgo don Quijote de la Mancha*. La historia es fascinante. Don Quijote y Sancho van en sus andanzas y se detienen a escuchar lo que comenta un grupo de personas en medio del funeral del pastor Grisóstomo, quien se había suicidado ante el rechazo de Marcela a sus requerimientos amorosos. Todo el mundo la culpaba de la muerte del joven, y estando don Quijote allí, llega Marcela a defenderse. En lo que se considera posiblemente el primer monólogo feminista de la literatura en español, Marcela deja claro algo impensable en la literatura y en la sociedad de la época: su derecho a decidir su vida y destino libremente. En este monólogo Marcela, en su propia voz —que no es poca cosa—, combina opuestos en resistencia: lo pastoril con el raciocinio y la mujer con la libertad.

A lo largo de los años he vuelto una y otra vez a este texto y siempre me sobrecoge igual, tanto o más que cuando lo leí como estudiante y decidí sentenciarme la piel con esa idea. Pues, aunque sea penoso, la realidad es que aún en 2007, cuando me tatué —y hoy para tantas mujeres—, la posibilidad de decidir en torno a nuestra vida, futuro y acciones es una acción tan revolucionaria como ilustraba aquel monólogo cervantino.

¿Cuántos Grisóstomos no hay por ahí que no le perdonan a una mujer el que rechace libremente sus avances? Ahora le llamamos machoesfera o *incels*, pero el germen de la subordinación total de la voluntad femenina ha estado ahí siempre. ¿Cuántos Grisóstomos no hay por ahí a quienes se les defiende «porque ella le obligó» a cometer algún crimen tal y como la sociedad del tiempo del Quijote defendió al Grisóstomo original? ¿Cuántas Marcelas no hay por ahí hoy día todavía argumentando su derecho a elegir cualquier cosa? De tantas maneras aún, el cuerpo de las mujeres es materia de canjeo, objeto del cuerpo social que ha de ser administrado, debatido y cuestionado. Derechos adquiridos se van perdiendo porque siempre han estado al acecho. El cuerpo femenino, nunca propio del todo, nunca colectivo. En esa contradicción insostenible habitamos nuestros cuerpos.

Escribo estas preguntas y diatribas como las hubiese escrito años atrás, con el mismo tono que usaba cuando era más valiente, más joven, menos consciente. Cuando me importaba menos si el modo en que articulaba un pensamiento sonaba tonto o infantil. Cuando en lugar de razonar la rabia la sentía sin más. Ese cuerpo que se tatuó palabras tenía poca o ninguna conciencia del desgaste de las palabras mismas cuando van cambiando sus contextos, escribía como si descubriera cada frase por primera vez, porque así era. Luego, con el tiempo, te das cuenta de que lo que dices y piensas está atravesado por todo lo que se ha dicho y pensado en el cuerpo social que habitas, lo que le ha nutrido, por aquello a lo que ha tenido acceso. Deglutes incluso sus vacíos, y haces con eso lo que puedes, con lo que tu proceso de pensamiento pueda extraerle. En aquellos años bailaba más, se nota en la escritura.

Me marqué esas palabras a los 23 años. Antes, a los 19, me había marcado otra cosa y luego otra, y más adelante otra. Marcar mi cuerpo fue la primera forma que encontré de decir: esta cosa es mía primero. Suena sencillo, natural, tatuarse para poseerse. Marcarse. Ese impulso tan humano de trazar una línea que deje testimonio de la existencia, incluso sobre la carne que se habita. Sin embargo, hasta de las marcas autoinfligidas una puede arrepentirse. Me pasó.

Tardé mucho en entender que el yo no es estático, o como lo dice un amigo muy querido: uno nunca es igual a uno mismo. El tiempo de la fruta colgada en peso de la rama no daba espacio para pensar demasiado en la caída inevitable. Mucho menos en la era del dulzor y en la que siempre llega, la era en la que todo se pudre.

5

Estuve dormitando no sé cuántas horas sin moverme de la posición exacta en la que la enfermera dulce y el enfermero guapo me habían colocado. Cualquier movimiento en falso podría representar algún dolor nuevo, una punzada, algo raro. Moverse en ese momento era lo contrario a la libertad, a la paz, a todo lo que antes me había parecido sinónimo de la noción de movimiento. ¿Podré volver a bailar con la espalda partida en dos? Debían preocuparme otras cosas, pero en ese momento era lo único importante. Eso y hacer las paces con el hecho de que, en efecto, había despertado. La cirugía —con sus complicaciones resueltas— había salido bien y ese último pensamiento que tuve antes de recibir la anestesia no sería el último. Debía estar feliz, agradecida, aliviada de estar viva y de tener la posibilidad de ver crecer a mi hijo, estar con la gente que quiero, poder escribir más, ver más, todo más. Pero, en ese momento, la verdad, la idea de haber superado la intervención me pareció casi un castigo. Lo único que quería era dormir y justo eso sería lo más difícil a partir de ese despertar. Nacer, o más bien renacer, con la conciencia de a dónde se ha llegado es en igual medida una bendición inmensa y una maldición insoportable. ¿Hubiese preferido haber muerto? No lo sé. La única certeza es que debieron dejarme dormir un poco más.

Había amanecido hacía ya unas horas cuando el cirujano llegó, dio instrucciones que no entendí y se fue. Desde que lo conocí me pareció un hombre fascinante, pragmático pero con ojos de artista. Conocedor de la belleza y todas sus sombras. El día de la cirugía me vino a ver justo antes de pasar a la sala de operaciones. Algo le pasaba, como si estuviera enfermo, tenía los ojos hundidos, lucía agotado. Después me contaría que, precisamente, algo le pasaba pero no diría qué y yo tampoco le preguntaría. Me encanta la gente que domina bien el misterio y disfruto permitiéndome detener mi vocación de entrevistadora a cambio de imaginar las mil versiones posibles. ¿Le habrían roto el corazón la noche anterior? ¿Habría recibido una noticia terrible? ¿Estaría pasando un dengue o uno de esos catarros que te tumban y te nublan el pensamiento? ¿Tendría un dolor de piedras? No tengo idea, pero el mundo interior de alguien capaz de hacer lo que él hace es un pozo al que únicamente quiero asomarme. De lejos, siempre de lejos. No por falta de curiosidad, sino por el placer de la especulación.

Cuando el doctor se fue, las enfermeras comenzaron a moverme. Una chica joven puso la cortina y comenzó a desnudarme. Realmente tenía algo así como una bata de papel abierta por detrás, pero desnudar es desnudar. Puso unas cubiertas de plástico bajo mi cuerpo y con mucho cuidado empezó a bañarme. Aún no podía hablar, así que mientras me zarandeaban de lado a lado, movía la boca como queriendo emitir sonidos, palabras, algo, y me resignaba a respirar lo más lento posible para que doliera menos. Me quitaron algunos de los cables, no recuerdo cuáles, y me volvieron a acomodar como una muñeca rota en la cama.

En la unidad de cuidados intensivos —y en los hospitales en general— el tiempo opera de manera diferente. Va lentísimo, y sin darte cuenta, han pasado varios días. Entonces llegan, cuando llegan, los medicamentos para el dolor. Fentanilo, morfina, toradol…

fármacos que hoy protagonizan la crisis de adicción a opioides que se ha extendido por todos los Estados Unidos y ha salpicado, como es de esperarse, a Puerto Rico. Tanto desde el hecho de que tenemos nuestra propia crisis de adicción a opioides en la isla, como desde el modo en que las decisiones que se toman a nivel de los Estados Unidos repercuten directamente en el acceso a la salud. En nuestra historia como país el cuerpo social es un cuerpo colonizado, invadido y ocupado. El cuerpo propio no escapa de ello. Si no pocos han insistido en que el cuerpo es político, habría que enfatizar que demasiadas veces el dolor físico, y todo lo que un cuerpo siente, también lo es.

El resultado de la marcha atrás que ha dado el gobierno a la desregulación extrema en la que estaban estos medicamentos tiene de positivo la implementación de mayores regulaciones a la hora de recetar y administrar estas drogas tan altamente adictivas; en su defecto, estamos en el punto extremo del péndulo, y gracias a la irresponsabilidad y ambición desmedida de la industria farmacéutica y la complacencia servil de médicos inescrupulosos que recetaron a diestra y siniestra opioides como si no fueran adictivos, hoy día es muy difícil que una persona que sí los necesita pueda acceder a ellos sin problemas. Por ejemplo, una persona que acaba de descubrir lo que se siente el ser atravesada con algo parecido a un puñal por la mitad de la espalda.

Cada vez que el dolor se volvía insoportable o sucedía la irrupción de un estornudo o la necesidad de toser, comenzaba una larga diatriba de llantos, de súplicas, de peticiones ignoradas para que me pusieran algo, lo que fuera, que aliviara por un momento el dolor de respirar y me permitiera dormitar un poco. Se supone que el descanso sana, pero es imposible descansar con un dolor que te taladra en cada respiración.

He pasado como si nada por la palabra estornudo, por el verbo toser. Merecen ambos punto y aparte. ¿Qué se siente eso en estas circunstancias? Como implosionar por dentro. De manera literal. Al dolor, casi siempre, le sobra lo simbólico.

No me daba rabia con el personal médico por el hecho de que no me administraran nada o que tardaran demasiado en hacerlo si se decidían a hacerlo, me daba rabia conmigo misma porque, hasta ese momento, me sentía invicta a los dolores. Siempre tuve una altísima tolerancia al dolor. Aguantaba la mayoría de los procedimientos menores sin ninguna o con poca anestesia. Y no sentir dolor con facilidad se había convertido en una marca de mi carácter. Me creía más fuerte por no quejarme a la primera, me sentía más dura por no ser tan vulnerable al dolor, sobre todo, al dolor físico. Pensaba, inútilmente, que la medida del control sobre uno mismo radicaba en la capacidad de ignorar el dolor. No estaba tan mal mi intuición, me ha servido ese modo de pensar para cultivar la disciplina en casi todos los aspectos de la vida, pero hay niveles de dolor que no pueden disciplinarse. Desgarrarse y tolerarlo con una sonrisa no te hace más digna. A veces, lo más digno es rendirse al fin y llorar. Implosionarse.

Sin embargo, esa imagen tan poética de la belleza ante la derrota, del llanto ante la incapacidad de soportar el dolor, sería imposible aplicarla a esta nueva realidad. Porque llorar en su mecánica implica unos movimientos respiratorios, nasales y pulmonares impensables en esa condición. Soplarse la nariz, algo casi tan agresivo como lo era el estornudo o el toser, podía implicar una punzada de dolor cuyas resonancias en los nervios duraría no menos de una hora. Ocurría lo mismo con el consejo que solía darle a toda persona que veía en un instante de dolor: respira. Un respiro a la vez. Cuenta tus respiraciones. Todo eso sonaba muy bello y le funciona a mucha gente, pero era precisamente lo único que no convendría hacer para aliviarme. Respirar era el problema. Entonces, ¿cómo aprendes a hacer algo tan natural y automático de nuevo? ¿Cómo le enseñas al aire a atravesarte de nuevo sin que te rompa por dentro? ¿Cómo se plantea una hacer esto sin que suene tan dramático, tan trascendental? ¡Es respirar, por Dios! ¿Cuán difícil puede ser?

Al día siguiente, creo, me movieron a una habitación. Cuando las gotas milagrosas del medicamento llegaban tenía unas horas de paz. Cuando el efecto acababa empezaba el trance, el esfuerzo inútil de atravesar el dolor. Porque una cosa sí entendí en esos momentos. El dolor es una cueva que se atraviesa y que mientras más la evadas, más profunda va a sentirse. Vencer el dolor requiere rendirse. Aceptar tu pequeñez. Y pocas cosas cuestan más que esa. No por la evidente herida al ego, sino porque cuesta la vida entender que el fracaso es un camino más seguro a cualquier victoria soñada, que cualquier otra ruta. Lo entendí en esa cama, aunque no paré de repetirme en la cabeza una y otra vez: no vas a poder conmigo. No vas a poder, dolor de mierda. No vas a poder, aunque puedas. No.

6

Lo primero fue una sensación intensa en el costado izquierdo, como una punzada, lo que imaginaba debía ser un apuñalamiento, aunque la verdad no tengo idea cómo se siente que te claven un puñal real en el costado. No lo sé aún, lo sabré después. Pero ahora, es la primavera de 2008 y vivo en Madrid. Es el año de la crisis económica generada por la burbuja inmobiliaria que tuvo consecuencias globales, agudizando el desempleo, la precariedad y la incertidumbre por el futuro. Nos hacíamos adultos en medio de un derrumbe de trascendencia internacional. Huir iba a servir de poco. También lo entendería después.

Me había empeñado en ir a hacer estudios de maestría en España, una decisión que profesional y económicamente hoy considero la peor que he tomado. No porque no crea en la educación como un valor en sí mismo más allá de cualquier lógica que imponga el mercado, sino porque a nuestra generación —la primera camada de *millenials*— le tocó una promesa rota muy cruel. Si por décadas la educación universitaria era casi una garantía segura de éxito profesional y movilidad social y económica, dejaría de serlo muy pronto para quienes nos iniciaríamos en la adultez a principios del siglo XXI.

Costos educativos irracionales que lo único que sí garantizarían sería comenzar una carrera profesional arrastrando deudas de miles de dólares ante un mercado laboral que poco a poco dejaría de mirar el título universitario para valorar otras destrezas o, simplemente, lo consideraría como un accesorio de poco valor. La fórmula educación más esfuerzo equivale a resultados se iría desarticulando. Incluso, ocurriría en campos como el académico, en el que el título universitario es un requisito indispensable para ejercerlo. Pues, con la tendencia a la pérdida de apoyos del Estado a las instituciones universitarias públicas, los altísimos costos de las universidades privadas y la disminución de matrículas —en el caso de Puerto Rico tanto por la pérdida poblacional adjudicable a la migración forzada, como por la baja natalidad y la fragilidad de la promesa de trabajo seguro luego de los estudios—, cada vez menos académicos y profesionales podrían cumplir el anhelo de muchos: devolverle a su país y a sus universidades aquello que habían recibido.

De pronto era normal que un joven egresado de la Universidad de Puerto Rico con doctorado de letras de la Universidad de Harvard no encontrase jamás una plaza como profesor en la universidad donde se formó en su isla. En el campo de la medicina es mucho más dramático. El Estado invierte en una educación de calidad y gradúa médicos forjados no solo en las virtudes de una buena educación, sino en los aprendizajes que solo son accesibles por la vía de enfrentarse a la precariedad de un sistema hospitalario al que le falta muchísimo para estar en óptimas condiciones. Se curten en la dificultad y eso los hace realmente extraordinarios. Entonces, incapaces de alcanzar un modo de vida coherente con sus expectativas, la mayoría termina yéndose a los Estados Unidos, y los pocos que regresan, muchas veces lo hacen por poco tiempo, pues un sistema enfermo infecta todo lo que tiene de frente. Todo es contagio cuando el asunto es humano y el escenario es sistémico.

Pero en 2007, cuando me fui a España, no sabía nada de eso. Costó explicar en aquellos años el por qué irme a España y no a los Estados Unidos como hacía la mayoría de los puertorriqueños. No fue una decisión lógica. Pude haber solicitado a una universidad española y ahorrarme miles de dólares en deuda. Pero quise evitar los líos de homologación de títulos y me decidí por el campus madrileño de una universidad estadounidense.

En ese entonces tenía un trabajo estable en el principal periódico del país, al que había entrado a trabajar con apenas 19 años. Una práctica estudiantil se convirtió en un trabajo a tiempo parcial y poco a poco me fui quedando. Si no me hubiese ido, en poco tiempo habría tenido un salario decente y algo de seguridad económica. No que sea algo especial, pero soy —como tantos— la hija de una maestra de educación especial y un vendedor. Como le ocurre a la mayoría de la gente, no había cuenta de banco designada para los estudios, ni ningún apoyo más allá del más básico: mantenerte hasta la primera adultez a los 18 años. No juzgo a quienes estiran la adolescencia de sus hijos hasta que así lo deseen y les apoyan económicamente en todas sus exploraciones, del mismo modo en que no juzgo a quienes no celebran la entrada de un hijo a la universidad por la inversión enorme que representa ese esfuerzo por unos años para toda la familia que tiene necesidades al momento. Si una cosa te quita la pobreza es la posibilidad de imaginar futuros, incluso, los más inmediatos. Lo que habría que juzgar es el modo tan cobarde en que permitimos que el sueño de la movilidad social por la vía del esfuerzo y las estructuras de un Estado que lo estimule se hiciera sal y agua.

Lo traigo a colación porque, a veces, en la juventud nos llenamos los ojos de posibilidades y no tenemos conciencia de que no todos partimos del mismo lugar en la carrera. Habría sido más sensato esperar, ahorrar e irme a estudiar con un poco más de conciencia de la inversión. Y a su vez, ¿si no se salta al vacío en la juventud, para cuándo lo va una a dejar?

La verdad, debo ser honesta, realmente estudiar era un pretexto. Estaba loca por irme de aquí. Primero porque pensaba que en cualquier lugar del mundo podría ser más feliz que en mi país y en segundo lugar porque el cuerpo y todo su mundo interior me pedía a gritos que me alejara lo más posible de mi familia. Lo pensaba como lo piensa cualquier joven con ganas de ver mundo y, probablemente, por condicionamiento de muchacha de colonia tardía, pero ese es otro libro. Huir de la familia y huir del país suele ser la misma cosa, quedémonos ahí.

El divorcio de mis padres —cuya separación ocurrió en mi infancia— se concretó cuando yo tenía 13 años y no por lento fue menos contencioso. En una graduación o evento público jamás podían estar los dos en el mismo sitio. Era una tensión constante. Luego hubo más rupturas familiares y acabé siendo la única persona con la que todos los integrantes de la familia tenían comunicación. Agobia ser el ente mediador. Agota. Harta, más bien. Quería una pausa. Irme lejos. Intentar por todos los medios no regresar jamás. Cuando se es tan joven una cree que puede escapar del papel que le ha tocado en la existencia, escapar del propio carácter, escapar de una misma. Es tierna esa esperanza, pero profundamente inútil.

Decidí estudiar literatura y cultura hispanoamericana por todas las razones románticas y poco prácticas que se pueden imaginar. Fue un deleite ese periodo. Leíamos dos o tres libros a la semana, muchos cuentos, ensayos, poesía. Pasábamos horas pensando en voz alta en una escena de una novela y la mente se serenaba de tanta turbulencia interior. Vivía con una amiga puertorriqueña con la que compartía sueños y ganas de aventurar. Fue un año y un poco más tan dulce, tan liviano. No sabía lo que era fluir hasta que aprendí a moverme por las calles de Madrid. Lejos, al fin, pude escucharme los pensamientos y no eran tan siniestros como me los imaginaba.

Otra de nuestras amigas cursaba estudios en Barcelona, y cada vez que el presupuesto de 800 euros mensuales nos lo permitía, agarrábamos la guagua nocturna de Madrid a Barcelona y por 25 euros y una mala noche llegábamos a la playa y a ver a nuestra amiga.

En uno de esos viajes pasó algo que tampoco es especial. Me gusta insistir en esto. De hecho, creo que es una de las cosas que más quiero que aprenda mi hijo: que lo único que tenemos de especial es que nadie lo es. El énfasis viene porque es difícil contar este tipo de cosas sin que se conviertan en una especie de masturbación narrativa. O, peor aún, escribir sin que generen lástima o una forma de la empatía que incomoda. A veces, no vuelven a mirarte del mismo modo, te conviertes en una imagen fija y estática. Te vuelves aquello que te pasó y nada más. Todo eso me jode, la verdad. Y, a su vez, urge contar porque lo único que habría que querer en la vida es ser útil: del servicio emana todo lo demás. Servir para algo, servirle a alguien, servir de algo, y el único instante en que me siento útil de verdad —salvo cuando uno hace las cosas básicas del cuidado de la gente que ama— es cuando alguien me dice: eso que tú escribiste es lo que yo sentía, pero no lo sabía. No le tenía palabras. Puede que sea una obviedad, una blandenguería poco intelectual, pero a mí me sigue pareciendo un milagro el hecho de que seamos capaces de traducirnos unos a otros por la vía de unos cuantos trazos y dibujos dotados de sonidos y significados, el huracán interior que todos llevamos dentro. Mi hijo dice aún que va a dibujar su nombre cuando lo escribe. Lo ha entendido todo.

Recuerdo la parada del metro en Barcelona, Jaume I. Habíamos ido, como siempre, a visitar a nuestra amiga, a ver el mar, a coquetear con los músicos de la calle. Jamás olvido el beso de aquel trompetista sueco. No sé si era la sal en el aire o la cercanía de las escaleras de la iglesia gótica, pero es el mejor beso que recuerdo. Del chico no recuerdo mucho más. Ni el nombre. Y mejor así. Un beso es un beso, es un beso.

Pero esta noche no será como aquella del beso perfectamente salado. Habíamos sido invitadas a cenar a la casa de una catalana que habíamos conocido meses antes en Madrid. Una mujer un poco mayor que nosotras, con un hijo y una vida tan distinta y tan deseable. Tenía treinta y tantos, nosotras veintipocos, y en esas etapas importa, se nota más el paso de la vida en algunas personas. Vivía sola con su hijo, había tenido una ruptura durísima, y verla tan libre, tan suya, tan intensa, al menos a mí, me hizo admirarla. No tengo idea de cómo ella nos percibía, pero sospecho que había algo de una lectura común que experimentábamos cuando lográbamos conectar a un nivel más humano con alguien local. Era una mezcla de curiosidad, fascinación, distancia y ganas de tenernos como si fuéramos unas muñequitas para exhibir. Es 2008, aún la gente cree en lo políticamente correcto y disimula la exotización. Peor aún, quienes somos tratados como una cosa rara, curiosa, diferente, exótica y a la cual hay que acercarse, pero no demasiado, aún no tenemos la conciencia —hoy día cada vez más colectiva— de que en muchas de las mesas a las que nos invitan, no llegamos en igualdad de condiciones. Somos lo que hemos sido siempre en mesas similares. Somos el circo.

Y a mí… me encantaba ser el circo. A esa edad y sin costumbre alguna de recibir atención, cualquier mirada ajena cargada de curiosidad e interés me parecía lo máximo. Verse. Sentirse visto. A eso se reducen tantas cosas.

Compartimos en la casa de nuestra anfitriona y, como es lo usual, salimos tardísimo a dar una vuelta, a buscar otro bar, a intentar exprimirle las últimas onzas de jugo a la noche. Yo no tenía idea de qué era el jugo, pero para ella era importante. No tenía muchas noches libres, decía. Apenas salía por el niño, quería ver el amanecer, disfrutar, dejarse ir.

Poco a poco el grupo se fue dispersando. Sus amistades cansadas comenzaron a irse a casa y mis amigas, extenuadas de tanto andar, querían irse también. Ella me miró con esos ojos enormes de súplica y yo no supe decir que no. Tampoco fue un sí del todo inocente. Estaba en un momento en la vida en el que quería probarlo todo, saborearlo todo. De haber crecido en un pueblo pequeño en el centro de una isla, ahora estaba en una gran ciudad, conociendo personas distintas todos los días. Quería más y más aventura. Hay hambres que no se sacian nunca. La decisión fue una mezcla de cruzar algún límite, de insistirle a la noche hasta que pase algo, lo que sea que sea ese algo y, por otro lado, una sensación de deuda permanente de la cual me costó años liberarme. Sentí por demasiado tiempo que, a cualquier persona que me prestase un poco de atención, le debía algo: lealtad, atención, perdón infinito. Lo que fuera. En el intercambio de afectos siempre estaba en déficit.

Mis amigas se fueron, e inmediatamente supe que debí haberme ido con ellas. Seguí a la mujer y llegamos a un lugar cuyo nombre sí recuerdo perfectamente: El Harlem. No tengo idea de si ese lugar en aquella época era un sitio de malas muertes, un bar normal, un *after* o un sitio inconsecuente. En esos años de internet cafés y menos búsquedas frenéticas nunca quise saber la reputación del lugar. Lo que pienso de ese sitio está atado a lo que viví. Con eso me basta.

Al llegar ella se encontró a un hombre y se fueron a hablar. A mí se me acercó otro. Un hombre rubio, de cabello poco más abajo del cuello. Una mirada neutral, poco memorable. Hasta que sí lo fue. Me invitó un trago y, contrario a todas las advertencias de la infancia y la adolescencia, se lo acepté. Creo que coqueta, incluso. El tipo ni me gustaba. No me parecía atractivo, pero estaba sola en aquel bar en el que quedaba poca gente. No veía a la mujer y me sentía tan tonta, como si no supiera nada del mundo, porque en verdad sabía muy poco aún. Y cuando me sentía tonta solía decir que sí, la negación me daba demasiada vergüenza.

Le dije que estaba preocupada porque no veía a mi amiga y me invitó a ver si estaba afuera. No sé cuánto tiempo pasó entre el trago y la salida a la calle, pero recuerdo claramente cómo me fue llevando hacia una calle más estrecha. No un callejón del todo, pero una calle algo escondida. Me pegó contra una pared y me besó. En ese instante sentí algo que nunca había experimentado en la vida. Mi cuerpo, sencillamente, no respondía a mis instrucciones. Estaba consciente, pero no lograba moverme. El resto no hace falta detallarlo. Fue breve. Fue asqueroso. Fue una mierda. Recuerdo la ropa que tenía, un vestido verde con un dibujo de un tigre pintado. Una chaqueta negra, medias que terminarían rotas y botas. Cuando recuperé la movilidad estaba en el piso. Había amanecido y gente pasaba por allí y me miraban y yo me moría de la vergüenza. El tipo no estaba. Ella tampoco. Me pasaban por la cabeza las imágenes de las personas que habían pasado por allí mientras aquello pasaba. Les abría los ojos como si pudiese gritar con ellos, pero nada. Todo el mundo seguía en lo suyo, seguro imaginando que éramos un par de amantes desesperados o unos muchachitos calenturientos sin dinero para un motel. No lo sé, no quiero pensar en qué piensa quien ve aquello. No quiero pensar cómo se habría visto esa escena en ojos ajenos. No siempre hace falta un bendito espejo.

Me levanté como pude. Caminé sin tener idea de a dónde iba, ni mucho menos de en dónde estaba. Pero conocía la parada de metro más cercana a la casa de mi amiga. Tomé el metro Jaume I, el primero que encontré y por la vía del milagro logré llegar. Ellas aún dormían. Era temprano. Me metí a la ducha, me bañé con agua hirviendo, me lavé el pelo, me lavé toda una y otra vez. Me acosté a dormir y no volví a pensar en el asunto hasta meses más tarde. Para hablarlo, tardaría mucho más. Han pasado casi veinte años. El asco quedó intacto.

7

La punzada comenzó leve. Apenas una sensación entre las costillas del lado izquierdo. Mi amiga me insistía en que fuera al médico, pero yo no hacía mucho caso. Estaba convencida de que era algo muscular que se me iría solo. Tenía ya historial de hospitalizaciones. No sé cuántas gastritis, bronquitis, desmayos, una insolación y hasta una convulsión me habían mandado al hospital en más de una ocasión. Me conocía el universo de las venas adecuadas para el suero, los ritmos de las salas de emergencia, el tiempo muerto en un hospital. No iba a ir. Tampoco en esos años ostentaba mucha voluntad para cuidarme. Era probablemente la última de mis prioridades. Así que empeñada en esperar y estacionada en la terquedad me negué a ir.

Pero las semanas pasaban y el dolor se tornaba cada vez más agudo. Sin darme cuenta comencé a darme golpes involuntariamente en la zona. No podía contenerlo. El dolor me pedía un dolor más intenso para tolerarlo. La lógica de dolor mata dolor es infalible; urge un dolor nuevo que entretenga más, que distraiga más. Si el dolor no se va, la única forma de tolerarlo es escalarlo, volverlo más agudo. Me golpeaba cada vez más fuerte y sentía alivio. Mi amiga, preocupada, no pudo más y me obligó a ir al hospital.

Llegamos al hospital La Princesa a eso del mediodía y a las tres de la madrugada ya había un diagnóstico. Me hicieron todo tipo de pruebas antes de llenar cualquier documento relacionado al seguro médico. Hubo exámenes del corazón, no sé cuántos tubos de sangre, soplé cosas, hubo placas y MRI, CTScan con y sin contraste. Todo. No sé en qué momento pasé de la sala de espera a una camilla. Ya en ese momento la fiebre era tal que no tenía muy claro nada en la mente. Así que lo que sigue es lo que queda de esos fragmentos de memorias de la fiebre.

En la madrugada vino una doctora y me explicó que lo que tenía se llamaba secuestro pulmonar, que era una malformación genética que me hacía particularmente propensa a infecciones, como la que tenía, una pulmonía agresiva. Ella estaba casi segura de que la infección se debía a eso, pero tratándose de una paciente tan joven y la magnitud de la pulmonía que tenía, no podían descartar otros motivos. Mandó a que me transfirieran de hospital, porque por mi dirección residencial no estaba en el indicado, y en poco tiempo estaba montada en una ambulancia. Mi amiga ya se había ido a descansar y a estudiar. Estaba en medio de sus exámenes finales y se dividía entre el hospital y la universidad.

La vista desde una ambulancia es irrepetible. Me hizo recordar cuando, en la guagua escolar de Cayey a Aibonito, me recostaba en uno de los asientos y miraba las hojas de los árboles cuando atravesábamos la carretera número uno y la ruta Panorámica. Una iba como metida dentro de una cueva de árboles. Esta cueva madrileña era muy distinta. Edificios que no reconocía del todo, sonidos de ciudad que no del campo, un celular de aquellos Nokia inmortales sin batería y un alivio de saber que por lo menos, por unas horas, alguien se ocuparía de este cuerpo. Alguien que no era yo.

Ana Teresa Toro, 24 años, mujer, ingresada por pulmonía, se identificó secuestro pulmonar... Me despertaron esas palabras en una sala ancha llena de pacientes esperando habitación en el hospital Gregorio Marañón, una institución universitaria. Un médico y sus alumnos, quizás una decena de ellos, me observaban tomando notas. No abrí los ojos del todo, más bien los espié entre las pestañas hasta que se fueron. Recuerdo con tristeza que en ese momento me sentí importante, interesante incluso, era objeto de estudio.

Pasaron algunas horas o algunos días allí. No lo sé. De un lado de la habitación ancha me movieron a otra. Yo me la pasaba dormitando, más dormida que despierta y sin pensar demasiado en lo que estaba sucediendo. Había logrado comunicarme con mi hermana mayor, estudiante de medicina entonces, y sentí que si ya ella lo sabía todo estaría bien. Las hermanas mayores son un regalo incalculable. Poseen una capacidad de entender el orden de las cosas y las familias que pocos lograremos acceder alguna vez. Pude hablar con mi madre y con mi padre también y sentir su angustia, su impotencia. Sentí una culpa horrible por haber causado tanta preocupación, por ocupar tanto espacio en las mentes de quienes me dieron la vida y me encaminaron en ella. Tanto nadar para acabar en esta orilla, presente una vez más, cuando lo único que había querido ser era ausencia.

En ese periodo en la sala de espera recuerdo un momento particularmente confuso. Vino una enfermera a tomarme los vitales y salió corriendo, gritando algo así como 30/60 o es lo que puedo recordar. Yo estaba dormida, profundamente dormida, feliz, creo. No sentía tanto dolor al respirar y estaba en calma. Una paz que nunca había conocido. Regresó con máquinas y gente que me rodeó y me pusieron tubos y líquidos y cosas en el pecho. Sentí el cuerpo casi explotar y seguí durmiendo. Al día siguiente ya tenía habitación y supe que en ese momento por poco me muero, me estaba apagando poco a poco. Quizás me dio miedo, quizás me dio igual. No lo recuerdo. Solo recuerdo el sueño, los gritos y la explosión.

Éramos tres en la habitación. A mi izquierda estaba Ana, una gitana que vendía flores, según me contaba todos los días. Era una mujer mayor, estatura media, ni delgada, ni gruesa, cabello blanco largo recogido en un moño sencillo. Ojos grandes y alegres. A la derecha estaba Paulina, una mujer inmensa que apenas podía comunicarse. Solo gritaba cuando necesitaba hacer sus necesidades y poco más. Nunca la vi levantarse, ni moverse demasiado. En el piso de neumología yo era la más joven y por mucho, y todo el mundo se ocuparía de recordármelo de maneras amables y de maneras incomodísimas, como las del médico peruano que no tenía nada que ver con mi caso y, a veces, al abrir los ojos él estaba ahí mirándome, como quien vela el sueño. O amables como las de un grupo de gitanos que acompañaban a un familiar varias habitaciones más abajo, y al saber de Ana —una de las suyas— llegaron a mi habitación, supieron que estaba sola la mayor parte del tiempo y venían a acompañarme a las pruebas de espirometría y a otros estudios. Tanto Ana como ellos insistían en lo mismo: que tú eres gitana, niña.

No había manera de explicarles que no, que en mi país no había gitanos, que es verdad que yo tenía esta cara, este pelo y este color de piel, pero que eso era pura mezcla Caribe, algo de herencia y nada más. Les daba igual. Para ellos yo era una de las suyas, estaba sola la mayor parte del tiempo en ese hospital y era su responsabilidad estar pendientes de mí. Ese grupo vendía varias cosas. A mí me llevaron a la habitación un traje de baño blanco como regalo y una de las mujeres del grupo insistía en que pronto me presentaría a un hijo o a un hermano, no recuerdo bien. El punto es que creo que si me hubiese quedado más tiempo en aquel hospital, habría salido casada con un gitano. El dolor y la soledad te vuelven particularmente manipulable.

Hubo algunas pausas que fueron un oasis enorme en medio de aquella estadía. Un amigo boricua muy querido iba a visitarme de vez en cuando con su computadora cargada de películas. Me hacía cuentos de los botellones, de sus amores, de sus estudios de cine. Mi amiga me visitaba y me cuidaba con paciencia maternal, me hablaba de la universidad, de sus exámenes, de las ganas que tenía de que regresara ya al apartamento. De mi familia nadie pudo viajar. Era muy costoso, pero mi hermana se mantuvo llamando al hospital, hablando con los médicos, poniéndoles al teléfono a sus profesores de medicina y tratando de entender con un océano de por medio la gravedad del asunto. Yo no entendía la gravedad del asunto, tardaría demasiado en asimilarlo. Lo que sí entendía era lo que me decían las enfermeras al tomar severas previsiones en su trato a mi cuerpo. Me habían advertido que había sospecha de contagio de VIH.

En aquellos años los resultados de las pruebas de VIH no llegaban tan rápido como ahora. Había que esperar varios días, y varios días esperé el resultado de esa prueba sin contárselo a nadie, aterrorizada de pensar que podría ser positiva. Pero más allá de eso, el terror tenía otra raíz. La única posibilidad de contagio real que tenía era la experiencia que me negaba siquiera a nombrar. No había tenido sexo sin protección, no había estado en contacto con ninguna aguja. Era eso o eso. Y eso era una violación y, al día de hoy, me cuesta llamarle así. A mí, la autora de un libro sobre la historia de un periodo e institución importante del feminismo puertorriqueño; a mí, la columnista de opinión que se la pasa arengando a favor de los derechos de las mujeres y denunciando el feminicidio y todo tipo de violencias, sobre todo la sexual. A mí me hierve la sangre pensar que eso me haya pasado. No me daba la gana de nombrarlo entonces y no me da la gana de nombrarlo ahora. Precisamente porque sé que lo que no se nombra no existe, no quise adjudicarle la virtud de una palabra. Cada cual con su contradicción. Esta es la mía.

También es la de este texto que está hecho de tantas cosas que no quisiera haber escrito nunca. O debo decir, es un texto que no quiere escribirse, pero se escribe porque lo que sí necesita contarse encuentra su salida y escapa entre los dedos aunque uno no quiera. Uno es tantas cosas que no quiere ser. Mejor aceptarlo temprano en la vida.

Quizás por eso he llegado hasta aquí, porque la escritura vale más que las vergüenzas y las tribulaciones mentales y emocionales y porque no puedo ser otra cosa que lo que soy, una escritora que experimenta el mundo a través de las palabras, y era impensable tener una experiencia como esta y no contarla. Sería como no terminar de vivirla. El punto final es la gran cosa.

¿Vergüenza? Me detengo un instante aquí, porque he sentido mucha en el proceso de escritura. Incluso, cuando un espacio más radical del propio pensamiento me grite que no debo sentirla, que la culpa nunca es de la víctima, que no es tu responsabilidad lo que te sucedió, que tienes derecho a andar la calle sola a la hora que sea, sin la expectativa de que nada te pase. Y todo eso es cierto, pero también es cierto que el mundo es como es, no como uno quiere que sea. Es divino salir a la calle y ensayar la utopía, de algo debe alimentarse la esperanza, pero no es de cobardes admitir que hay calles y hay calles, y hay soledades que te ponen en peligro. Entonces, aunque parezca una traidora o de pronto me convierta en la peor feminista del mundo, creo que las reflexiones en torno al abuso sexual tienen que tomar en consideración otros factores, todos los factores: como el consumo de alcohol, los contextos, la salud mental de quienes se colocan constantemente en circunstancias de peligro y tanto más. No podemos conformarnos con cuentos maniqueos de lobos y ovejas.

Vergüenza también porque si una cosa te provee el periodismo es perspectiva y una termina preguntándose, en el esquema más amplio de la realidad: ¿qué es esta experiencia versus la trata humana que viven niños y niñas alrededor del mundo? ¿Qué es una mala noche en contrapeso con la violencia sexual que le ha costado la vida a tantas personas? ¿Qué es el que un extraño violente tu cuerpo versus el que lo haga un familiar o tu propio padre como le sucede a la mayoría de las niñas que sufren abuso sexual en el mundo? Quizás la palabra no es vergüenza, quizás es la parálisis de pensamiento y emoción que te atraviesa cuando caes en cuenta de que eso que viviste, en perspectiva, es la punta del iceberg de un problema social inmenso, y a ti, ese mínimo fragmento, te ha atravesado carnes y huesos y todo lo demás. La dimensión de las cosas desconcierta, por eso la evadimos tanto. Y, al final, el estupor no es vergüenza, tampoco empatía, pero bien puede tener tanto de las dos.

No me quedó más remedio que recordar. Aceptar que sí había pasado aquello, que sí podría tener consecuencias reales, que a lo mejor ese nivel de infección no había sido provocado por el reciente diagnóstico, sino por el nuevo virus que —era posible— se estuviese adentrando en mi cuerpo. Pasé días temiendo a mi propia sangre, como si pudiera contagiarme yo misma de aquel recuerdo.

En ese momento la posibilidad de un contagio así tenía un significado distinto. Soy de la generación que creció de niña viendo a Tom Hanks irse consumiendo por el sida en la película *Filadelfia*, de los alumnos que tomamos clases de salud en las escuelas en las que se nos enseñaron dos cosas clave: a tenerles terror a las enfermedades de transmisión sexual y al embarazo adolescente. Crecimos en los noventa, nos hicimos adultos en el inicio del siglo, un periodo en el que se sostenía firme el estigma de la condición de «positivo». Hoy tengo muy claro que un diagnóstico de VIH, aunque no es algo pequeño, ni mucho menos para tomarse a la ligera, es verdaderamente menos grave que un diagnóstico de cáncer u otras enfermedades. La medicina ha avanzado, el conocimiento también, la comunidad LGBTQ ha ganado terreno y derechos —aunque siempre están bajo asedio— y se han roto muchas estructuras de pensamiento en torno a esa realidad que devastó, con una saña cruel, a comunidades enteras en los ochenta y los noventa. Ese terror a la propia sangre era hijo de esa historia, como casi todos los terrores y como casi todas las cuestiones de sangre que acaban reduciéndose a lo más humano, y por lo tanto, a lo más animal. El placer ha de castigarse. Incluso, el placer ajeno ejercido sobre un cuerpo inerte.

8

Las pruebas de VIH resultaron negativas y así continuaría siendo por los próximos meses y años, pues agarré la costumbre de someterme a ellas de manera rutinaria. Algo en mi interior sentía como si aún jugara a la ruleta rusa. Esta vez me salvé, pero habrá otra que no. Incluso cuando estaba segura de que no había estado en peligro real, hacerme la prueba era volver a esa cama.

Y en esa cama, insisto, el tiempo pasa lento. Es junio de 2008 y España juega la Eurocopa. De vez en cuando se enciende el televisor y, como mi cama es la del medio, veo pedazos en primera plana de los partidos. No entiendo bien las reglas, pero aprendo rápido. Les agarro cariño a los jugadores de ese momento.

El furor es contagioso y uno siempre quiere sentirse parte de algo más grande, más importante, más relevante que uno. Desaparecer en cualquier multitud. Desaparecer. Si es posible, de puro gozo, aunque los motivos sean ajenos e incomprensibles.

Recuerdo la noche de la final. Las enfermas y enfermeros se habían colocado en el pecho banderas de España pintadas a mano, era un gesto sencillo, pero poderoso. Algo estaba pasando en medio de la rutina, de los cambios de pañales, de las inyecciones y los antibióticos que bajaban por los sueros. Yo mejoraba lento, habían pasado ya unas dos semanas y la infección comenzaba a ceder. En ese punto la memoria regresa con mayor claridad. Ana seguía insistiendo en reclutarme para vender alguna cosa, Paulina seguía dormitando y gritando cada vez que necesitaba usar el váter, como le llamaba, para mi extrañamiento, y yo seguía pasando horas muertas en la cama, y cada día, poco a poco, dando uno que otro tumbo por los pasillos. Las pruebas empezaban a salir bien. Soplaba las bolitas cada vez más alto. Ya no me daba golpes en la espalda. Me dolía menos el interior y mucho menos el exterior. No me quedaban ya ni los moretones.

Semanas después me dieron el alta al fin, una receta para buscar en la farmacia y un saldo de 35 euros era todo lo que quedaba pendiente. El seguro médico de la universidad había aportado su parte y la seguridad social la otra. No hubo un instante en mi estadía en el que tuviese que preocuparme por la aprobación del plan médico para la realización de un estudio, o en el que uno de mis médicos se viera forzado a ajustar su tratamiento a lo que la aseguradora le permitiese hacer. En aquel encierro lo único urgente era sanar, y sobra decir que hay experiencias que no solo te marcan el cuerpo y la memoria, sino que inciden a largo plazo en tu visión del mundo. La salud es un derecho y lo que ocurre en mi país con ella, por la vía de la subordinación política a los Estados Unidos —y en tantos otros países—, es, por decir poco, criminal. Esto tampoco quiere decir que los sistemas públicos sean una panacea donde no hay listas de espera infinitas para diagnósticos urgentes o en los que la precariedad puede llegar a determinar la diferencia entre la vida y la muerte de una persona, pero la conciencia de que la salud no es un bien que pertenece únicamente a quien lo pueda pagar, esa conciencia al menos, es algo que vale la pena defenderse siempre.

Cuando salí de allí, Ana y Paulina se quedaron. No sé por cuánto tiempo, ni en qué circunstancias. Nunca les visitaron familiares mientras estuve allí. Salvo los gitanos y mis amigos, nuestra habitación era de un silencio abrumador. Pero estoy segura de que en otro lugar del mundo, si salían vivas, porque ambas estaban realmente enfermas, lo harían endeudadas o, incluso, en el peor de los casos, las tirarían a la calle. A mí me llevó a casa mi amiga, en ese entonces una joven soñadora que siempre entendió que el dolor se acompaña en silencio. A mí que ni si quiera había nacido allí y por azar me había tocado un sistema de salud que no solo me salvó la vida, sino que además dio con el diagnóstico que jamás se contempló en mi país, pues nunca se me hizo la única prueba que lo evidencia, un CTScan con contraste, una prueba carísima que requiere autorizaciones y logísticas de la aseguradora médica. Tuve suerte. Tengo suerte. Y me gusta insistir en esa cosa que llamamos el factor suerte, porque importa, porque demasiadas veces asuntos trascendentales en la vida dependen de estar en el lugar preciso en el momento justo. Particularmente, cuando no tenemos idea ni de cuál es el lugar, ni mucho menos el momento.

Cuando se sale del hospital, o la verdad, de cualquier forma del encierro luego de un periodo prolongado, los espacios familiares se sienten más grandes. Nos adaptamos a la dimensión de las cosas con relación a nuestro cuerpo con una facilidad impresionante. Aprender o no a expandirnos, a ocupar el espacio, tiene todo que ver con dónde estamos ahora y dónde pasaremos los próximos días. Nos movemos como un acordeón sin darnos cuenta. Y hay quienes nunca vuelven a expandirse del todo o quienes, en su resistencia a la adaptación, jamás logran ajustar su dimensión mental a su espacio real. Por suerte, me achico con facilidad.

Durante esas semanas posteriores a la hospitalización, sin pensarlo demasiado, comencé a quedarme en casa y en casa y en casa. No quería salir. No quería ir a ningún lugar. Mi amiga se cansaba de invitarme sin éxito. La verdad, tenía miedo de la calle o de la gente o de mí misma en la calle entre la gente. Salí del hospital con mi secreto intacto, con la promesa de dar seguimiento a la salud cuando regresara a Puerto Rico y con el cansancio específico que conocen los que han sido sentenciados al descanso.

Porque nadie descansa realmente en un hospital. No porque no haya personas allí que trabajan y se desviven para que sí lo consigas, ni porque pases el tiempo en actividad física. Nada de eso. No se descansa porque el dolor no permite descansar. No te deja pensar lo suficiente como para leer, o siquiera seguir la trama de una película. Jamás va a permitirte dormir, y si lo consigues, habrá que hurgar en tus venas para cambiar la sonda del suero a las dos de la madrugada, o sucederá alguna emergencia y el sonido de las personas corriendo y las máquinas y los bip bip bip de todos los aparatos que confirman que la vida sigue te volverán a despertar. El dolor es una especie de interrupción de todos los estados mentales. No te deja vivir, no te deja rendirte al sueño. Está más vivo que tú.

Al final, mi amiga me convenció y empecé a salir. Primero al supermercado, después a un paseo y así. Sus padres venían ese verano de Puerto Rico a visitarla y, generosamente, me invitaron al viaje familiar. Conocimos Tenerife, vimos la arena negra y nos sentimos en casa otra vez con la cantidad de flamboyanes florecidos que encontramos. Se sintió tan nuevo y tan poderoso ir así con un papá y una mamá e imaginarme niña durante esos días. El cuerpo siempre hay que sacarlo, moverlo así sea a rastras de los lugares en los que se estanca.

Luego, vino el bloqueo. Se acercaba la fecha del regreso a Puerto Rico. Había completado mi maestría, tesis defendida y, aunque en mi mente tenía la ilusión de quedarme un tiempo más, conseguir trabajo, estirar esa huida todo lo posible, la realidad de mi situación económica y de salud exigía lo contrario. Sabía que tenía que hacer las maletas, regalar, donar o vender abrigos, libros. No tenía muchas cosas allí, pero las suficientes como para que no cupiesen en dos maletas. Los días pasaban y yo no encontraba cómo armar aquello y no lo hice. Una irresponsabilidad de la que me avergüenzo y con la que mi amiga terminó cargando tiempo después, trayendo en sus maletas poco a poco las cosas que quedaron.

Me fui de Madrid al final del verano de 2008. Lloré casi todo el camino de vuelta. Se sintió como el mayor de los fracasos. Lograr escapar de una vida y que el cuerpo te hale por los pelos de regreso te reafirma aquello que sospechabas de niña: no a todo el mundo le corresponde soñar. Nunca supe bien cómo hacerlo y cuando lo intenté olvidé integrar a la imagen —al sueño— las medidas de mi realidad. No se puede soñar en dimensiones ajenas. Tardaría mucho en darme permiso para semejante atrevimiento otra vez.

Llegué con veinte dólares en el bolsillo, sin celular, con la posibilidad de un trabajo y con la salud en estado pendiente. Los médicos me habían advertido al darme el alta que era indispensable dar seguimiento al caso en Puerto Rico, pues lo más recomendable en estas circunstancias era una intervención quirúrgica seria. Pero se trataba de una cirugía riesgosa y debía determinarse bien si podía evitarse o retrasarse.

Tras las visitas de rigor con el especialista y la lista de exámenes completados nuevamente se decidió que, siempre y cuando mantuviera bajo control los catarros y bronquitis y evitase a toda costa que llegasen a pulmonía, era posible esperar. Pensé que entonces no era tan grave, pero seguía paralizada. No encontré cómo armarme el retorno a España donde no tenía nada seguro. En la isla, al menos, tenía un trabajo con el que viviría con poco menos de mil dólares al mes que debía facturar y casi que acampar en la oficina de contabilidad de la universidad para esperar el cheque, pero al menos era algo. Me quedé. El cuerpo sabe dónde le toca estar, aunque a la cabeza le reviente.

9

—O sea que tú eres como una sirena.

—No, todo lo contrario. Ni si quiera me gusta el mar, prefiero el fango.

—¡Pero eres una mujer de isla! ¡Y tienes tres pulmones!

—Precisamente.

El tema de tener un secuestro pulmonar se convirtió en una broma entre mis amistades. No le llamábamos así. Nos referíamos al pulmón bebé. Cuando me explicaron en qué consistía mi condición, en busca de una forma de entender, le pregunté al doctor: ¿Eso es como tener un pulmón bebé? ¿Un pulmón extra pero que, como usted dice, tiene sus propias venas y arterias? ¡Exacto!

Habían intentado explicarme muchas veces, pero esa fue la mejor manera en la que pude entender al fin y lo explico de la forma en la que lo expliqué por años. Al día de hoy no ha habido un médico que me acuse de metáfora inapropiada. Tener un secuestro pulmonar es como tener seis dedos en la mano, una malformación genética, un error de diseño en el pulmón, que te vuelve más propensa a pulmonías, y el secuestro —la especie de pulmoncito adicional que está adherida al pulmón principal— va pudriendo todo a su paso. Los hay intralobulares —dentro de uno de los lóbulos del pulmón— o extralobulares —visibles como el mío, por estar afuera—. No es la condición más rara, cuando llegué a Puerto Rico con el diagnóstico reciente mi neumólogo me dijo que conocía de ocho casos; pero es lo suficientemente rara como para que médicos de distintas especialidades se entusiasmen al ver las imágenes de tus pulmones. Si no se controlan, sonríen y se emocionan como si hubiesen visto una estrella fugaz. Me encanta cuando hacen eso, aunque a decir verdad, no deja de ser un poco perturbador.

Recuerdo las imágenes que le llevé al neumólogo. El pulmón bebé parecía como un hijo perdido, una ramita rebelde en la arboleda que son los pulmones. Sus venas y su conexión arterial eran hermosas. Era como doble, un pulmón bebé con bebé integrado, como esas muñecas que eran bebés y traían además un bebito que cuidaban, como una especie de vida doble vivida e inmediata en una sola imagen. Me provocó imaginármelo como una muñeca rusa que no encaja bien en la próxima porque se queda de lo más campante compartiendo con la que le sigue, pero esa imagen tan ajena y lejana está tan agotada, yo misma la he agotado tanto que me aburre un poco. Menos muñecas y más arboledas pulmonares.

El punto es que lo primero que pensé cuando vi al causante de tanto drama es que era hermoso. El pulmón bebé con su pequeño bebé era de una belleza inesperada. Tenía un paisaje, un bosque entero con un árbol rebelde en el costado izquierdo del cuerpo. Qué maravilla. Yo que siempre había querido ser la flor y me había costado todo el aceptar que era el árbol, saberme dueña de todo un bosque interior y, además, con árboles de rama rebelde era una fiesta. Yo, que temí tanto de niña el cuento ese de que si te tragabas la pepa de la china te iba a crecer un árbol de chinas por dentro y te ibas a dar cuenta cuando se salieran las ramas y las hojas por tus orejas, ahora estaba feliz. El árbol lo tenía contenido, lo tenía por dentro. Como si al fin pensara que el defecto de nacimiento era algo conducente a la belleza y no un problema como todo lo demás que había venido con este cuerpo.

Todo el mundo sabe, como han dicho los sabios, que toda belleza tiene su sombra. Mi sombra me pareció perfecta, proporcional a la belleza de esa malformación tan bellamente formada en mi interior. Creo que fue la primera vez —cuando vi esas imágenes— que amé algo de mí, que encontré bello algo propio, algo perteneciente a este cuerpo.

Con este cuerpo vino también un montón de vellos en los brazos que eran peludísimos desde la infancia. Cuando en la adultez por fin hice las paces con ellos, pensando que era algo que había heredado de mi madre y me conectaba con ella, mi madre me contó que recién se los había empezado a rasurar. Estaba harta. Nunca le gustaron y se los quitó. Hacer las paces con el origen no tiene tanto que ver con el pasado como una quisiera, tiene todo que ver con el futuro. Del presente ni hablemos. Pasa tan rápido. Ya pasó.

En esos años llevaba el pelo largo, larguísimo. Tenía por costumbre cortarme las puntas una vez al año y alisarlo esa única vez para saber cuán largo estaba. Prácticamente no usaba pantalones. No por ninguna consideración religiosa o de cualquier tipo. Simplemente, por un complejo absurdo. Odiaba mis muslos abundantes que se habían desparramado más de la cuenta cuando en la universidad procuré más la libertad por la vía del desorden que de la disciplina. Pues, iniciada la adolescencia, atrás quedaron los cachetes y la redondez de la niñez para dar paso a un cuerpo liviano que amaba bailar. Cuerpo que se transformaría, nuevamente, en la universidad.

Llegué tarde a las clases de danza, tendría unos 13 años, pero me encantaba. Lo bailaba todo y la maestra de baile de la escuela me retaba con coreografías cada vez más complejas. Me faltaba línea y cierta madurez en los cuerpos educados desde la niñez de un buen bailarín, pero tenía espíritu y ensayaba hasta la extenuación en la pequeña sala de mi casa frente a un espejo rectangular que aún sigue allí. Era infinitamente feliz bailando sobre la losa de terrazo sola en la pequeña sala frente a aquel espejo. Hasta ese momento yo era la niña inteligente de la escuela, la estofona, un título pesado que, si bien me ganaba cierto respeto entre mis compañeros, me había puesto el sello de aburrida y severa. Bailar me liberó de eso. Yo no quería respeto, quería pertenecer. No estar tan sola.

Entonces bailar era una experiencia tan colectiva. No solo porque ensayábamos en grupo, sino porque al mover el cuerpo experimentaba una sensación que solo entendí cuando años después me topé con la autobiografía de Isadora Duncan. «Cada vez que he bailado, traté siempre de ser el coro. He sido el coro de jóvenes doncellas... He sido el coro bailando las danzas pírricas o las báquicas. Nunca jamás he bailado un solo», decía. Esa idea, del movimiento como un acto de comunión, se instaló muy temprano en mi cuerpo y se convirtió en un filtro más para interpretar el mundo. Hablar del cuerpo, pensar en el cuerpo, desde el cuerpo y con el cuerpo siempre sería un asunto del plural.

Luego fui porrista y le agarré un gusto enorme al sudor, al movimiento, a calibrar las emociones a través del baile. No era una gran bailarina, pero tampoco era una causa perdida. En ese momento, incluso, pasé la audición y me incorporé al Cuerpo de Baile del recinto de Río Piedras de la Universidad de Puerto Rico. Competimos en las Justas universitarias y dedicaba noches y las tardes de los viernes a los ensayos. Confrontando el cuerpo en movimiento frente a aquel salón de espejos enorme entablaba una comunicación con esa ficción que es el yo que me era imposible lograr de otra manera. La única forma de experimentar esa sensación nuevamente ha sido a través de la escritura. Sobre todo cuando inicio un texto sin tener idea de lo que pienso sobre algún asunto y, en la medida en que se va escribiendo, es posible entender el enredo que es el pensamiento. Y la escritura, como la danza, son expresiones colectivas que pasan a través de un cuerpo que se hace coro.

Viví la danza de ese modo. El cuerpo un lápiz de carbón, el suelo la hoja en blanco, los saltos los arabescos y adornos de los trazos que hacen dibujos que llamaremos letras. Se piensa primero con las manos, con el cuerpo todo, se articula el códice mucho después. La pensadora argentina Susana Tambutti lo ha afirmado así en sus teorías en torno a la danza, en las que esta es una forma de pensamiento y el cuerpo produce conocimiento.

En aquellos años intentaba construir una identidad propia, pensarme como mujer por primera vez, pero me pudo más la curiosidad por la noche, por la calle, por el qué pasará. La duda se impuso a la disciplina que requería seguir esa exploración corpórea. Seguí tomando clases de baile contemporáneo, flamenco, folklóricos, pero me entregué enteramente a la nueva pasión incipiente que había encontrado en el periodismo. En aquel tiempo aún creía que lo único que tendría sentido en la juventud era perseguir una pasión. Me da ternura esa versión tan inocente que no sabía que hay mucho de trampa en esa intención. Hoy creo que vivir persiguiendo pasiones no es un sabio consejo, ni profesional ni para la juventud. Si no naces con una cuenta de banco robusta, como es el caso de la mayoría de las personas, conviene asegurar primero el suficiente dinero para vivir en paz por la vía más eficiente y cónsona con tus talentos, capacidades e inclinaciones antes de entregar románticamente el futuro a la persecución de una pasión. En todo caso, las pasiones no se agotan de tanto perseguirlas, y de tanto haber entrevistado artistas a lo largo del tiempo, doy fe de que son muy pocas las personas que logran vivir de su pasión. Eso es estupendo, nada de malo en ello, pero son la excepción que confirma la regla. Y en tantos casos me entristece ver cómo una persona va dañando su relación con su pasión o con su arte porque acumula la rabia de no lograr vivir de ella. Sentir rencor por las pasiones, no imagino amargura mayor.

Tampoco me parece una entrega al cinismo o un darse por vencida el pensar que conviene asegurar el pan en la mesa, antes de alimentar otras hambres. Creo, sin mayores decoraciones, que un cuerpo alimentado y con todo lo necesario para vivir, accede mucho mejor al placer y a sus pasiones. Hace mucho que el mito del artista hecho polvo y arrastrado por todas las cunetas del mundo dejó de hacerme gracia. El dolor es inevitable y también puede conducir al placer, pero precisamente por inevitable no hay que convertirse en su devoto. Cultivar una pasión no tiene que ser una sentencia de mal vivir.

Así lo pienso ahora, entonces no. Entonces, consciente o inconscientemente, me entregué a construir la identidad que me era familiar a aquello que quería lograr. Amaba bailar, pero amaba más contar historias, escribir, pasar horas escuchando los relatos de otros. No había entendido que era imposible hacer una cosa sin la otra; que el propio cuerpo incide en cómo cuentas una historia. Como ahora.

También mi prejuicio era muy fuerte: una mujer inteligente no podía andar preocupándose por el cuerpo, por su apariencia, alimentar su vanidad. No tenía sentido que cultivase los ritos femeninos de la belleza. Una aspirante a autora respetable debía encarnar sus valores: mi cabeza vale más que mi cuerpo, me importa más, la nutro más, tiene y siempre tendrá más peso.

Así fue como poco a poco fui escondiendo mi cuerpo en montones de telas, evadí el maquillaje y me asumí como una persona ajena a comunicar con el cuerpo, sin darme cuenta de que esa construcción e imagen había sido diseñada para mí por la cultura, mucho antes de que cobrara conciencia de ello, y que comunicaba igual o más que cualquier otro estilo. No dejé de bailar, pero lo hacía cada vez más con las manos.

Salía de noche, tomaba vino, trasnochaba. Aumenté algunas libras que se acomodaron bien en mis caderas y me convertí en una mujer pequeña y voluptuosa. Casi nadie creía que mido cinco pies y casi una pulgada, porque andaba siempre expandida en telas y en el movimiento de las caderas. De vez en cuando me picaba la urgencia de ser quien siempre había sido, la niña tímida que no se atreve a alzar la mano, y me encerraba por meses. Dejaba de tomar alcohol y alcanzaba niveles de disciplina monacales. Así escribí mi primera novela, entre las cuatro y ocho de la mañana de lunes a viernes, durante meses.

Cuando ya estaba instalada en esos estados mecánicos, de absoluto control, me entraba una sensación insoportable. Me sentía demasiado pura, y todo lo puro me parece sospechoso, lo repelo. Entonces, volvía a soltarme las trenzas y a explorar. No pocas veces se me pasó la mano y habiendo sido criada tan católica, aún me cuesta no considerar castigo todo lo que ha vivido este cuerpo después. También, hubo mucho autocastigo. No podía ser de otra manera, uno es lo que uno es, aunque insista hasta el desespero en reconstruirse de otra manera. Y yo soy una niña criada católica, llena de culpas ajenas, rendida a los ritos, enamorada de la teatralidad del vestuario y convencida de que si atravieso el purgatorio en vida me salvaré de alguna cosa que no acabo de definir bien. Es una paradoja tan ingrata, odiar lo impuro y sentir alivio en la pureza.

10

Cuando regresé de España intenté hablar con alguien sobre lo que pasó. Fue un desastre. Para alguien importante en mi vida decirle aquello fue una afrenta, sintió que se lo decía para causarle dolor, se enfureció y se fue. Otra persona no me creyó porque tardé demasiado en contarlo y la otra persona a la que me atreví a decirle me apoyó de brazos y corazón abiertos, pero se convirtió en un espejo que no era capaz de mirar. Tampoco quería causar dolor a mis padres. Así que ahí quedó. No había ni tiempo, ni presupuesto para terapia, ni mucho menos tenía idea de cómo procesar aquello. Ordenarlo, darle forma, algo. Entonces, seguí el instinto y no pensé más en eso. Con el paso del tiempo lo contaría a amistades solidarias con quienes lo pude hablar, pero el silencio elegido fue importante. Lo agradezco. Es sanador y liberador contar, pero el peligro de las historias es que se vuelven lugares que habitamos y nos habitan y yo no quería volver a aquella calle en Barcelona. Aquello pasó y allá quedó, con lo único que iba a bregar era con sus rastros en mi cuerpo. Nada más.

Procuré la liviandad a toda costa. Por un lado, ahora lo veo, quería quitarle peso y valor al sexo en mi vida. Por el otro, quería demostrar que yo sí era una mujer libre, lo que sea que ello significara. ¿Por qué? Por lo mismo de siempre, por validarse por la vía de la oposición a quienes nos criaron, por pensar que ese era el único modo posible de romper con esa cárcel del cuerpo en la que se nace, porque el castigo es siempre una respuesta primaria al dolor.

Intenté el sexo transaccional, pasiones de una noche que, junto a mis amigas, nos contábamos como si regresáramos de la guerra a relatar aventuras heroicas. Si antes ellos podían tener sexo sin sentimientos, ahora nosotras lo haríamos también. (No que no sucediera antes, las pasiones son tan viejas como la humanidad misma, pero se puso de moda contarlo, alardear del desapego. Ya no perdíamos toda posibilidad de dignidad en la vida si hablábamos de nuestra sexualidad). Desde muy temprano nos habían instalado esa idea de que la libertad debía experimentarse rompiendo todos los moldes, que una mujer libre era sobre todo primero dueña de su cuerpo y que ser dueña de su cuerpo tenía todo que ver con el acceso libre al placer. Lo veíamos en la televisión, en el cine. Queríamos ser como esas mujeres bravas que se comían los hombres crudos y se quedaban con hambre.

No es del todo absurdo ese pensar, pero es incompleto. No tengo problema con quien le apueste al sexo casual, pero puedo ver cómo en aquel momento, en mi caso muy específico, confundí la búsqueda de la libertad con volverme esclava del *performance* mismo de esa idea de la libertad. Nos pasó a muchas.

Nos veo proclamando libertad sobre el cuerpo, explorando el placer sin miedo, sin pudor, sin limitaciones, y sonrío. Nos veo probándonos como mujeres libres, demostrando con cada acción que no había constructos sociales que pudieran encajonarnos y me pregunto si lo hacíamos por genuina libertad o por tendencia. El mandato del momento era desobedecer, y cuando la desobediencia se impone como mantra, gana la docilidad. Gana la obediencia. No éramos tan libres como pensábamos, tampoco tan dóciles. El punto medio de este péndulo no ha llegado aún, pero a mí, la exploración me pasó una factura muy alta.

Puedo ver ahora cómo en aquellos años, simplemente, quería restarle valor a lo que me pasó. Convencerme de que si el sexo no era importante ni tan trascendental en mi vida, lo sucedido no tenía por qué dejar una marca tan pesada. Puedo ver ahora cómo he decidido acceder a la libertad en el presente por rutas mucho más angostas. Me establezco límites para ir más lejos, me disciplino para hacer lo esencial en modo automático y dar espacio libre a la creatividad y la espontaneidad. Puedo ver ahora cómo la libertad más potente la ejerzo cuando digo que no, y no me rindo a aquellos sí que, tan dócilmente, me tornaron en una esclava de una idea de libertad tan ajena, como dañina. Así lo viví, aunque a la feminista que soy le pese reconocerlo.

Igualmente, soy consciente de que para otras mujeres esa exploración del placer fue extraordinaria, importante. Les permitió romper con ciclos ancestrales de no tener autonomía sobre sus propios cuerpos y construirse una nueva relación con el placer que ninguna de las que estuvieron antes que nosotras experimentó jamás. Eso no es una ganancia menor. Y, aunque la celebro, simplemente, esa experiencia no fue la mía.

Lo he conversado con muchas mujeres de distintas edades. La revolución sexual fue una explosión poderosa de la cual todas nos hemos beneficiado de alguna u otra manera. Ya sea por la posibilidad de elegir con quién, cuándo y bajo qué circunstancias tener sexo y tener hijos, como por la ruptura con la idea de la virginidad como un aspecto inherente al valor de una mujer en la sociedad. A esto sumamos el acceso al placer como parte de la experiencia humana misma y no como un derecho únicamente de la masculinidad y no puedo más que agradecer por cada mujer que luchó por nuestro derecho a una sexualidad plena. Sin embargo, como todo movimiento histórico, esa revolución nos llevó a un lugar ambiguo en el que no todas entramos en esas dinámicas con las herramientas necesarias para discernir entre la libertad que expande el mundo propio y la libertad esclavizante de probarte una y otra vez como mujer moderna y libre, despojada de tu propia historia.

Pienso en esto y entiendo un poco mejor una pesadilla recurrente que he tenido en los últimos años. Es una de esas pesadillas que te levantan sudada y gritando a mitad de la noche. En el sueño estoy acostada y un hombre rebana mi cuerpo con una máquina de rebanar jamón. Pedazo a pedazo me voy desapareciendo. A veces me queda conciencia justo antes de que me rebane el cuello, a veces la pierdo a la altura del estómago. Siempre me despierto desesperada y confirmo con urgencia que mis piernas siguen ahí.

Todo lo que pasó por este cuerpo físico, pasó por la mente, por eso que llamamos el alma, por los espacios que habito, por los misterios del interior de la mente que desconozco. Hay rastro en la memoria, en el subconsciente y en todo lo que soy, pienso, hago y toco. Cada lasca de carne recuerda.

Con los años el rostro se me ha vuelto más severo, la mirada más dura. Ya no tengo la redondez de los cachetes de mi juventud y la mirada curiosa e inundada de ilusión de aquella joven entrevistadora que se enamoraba de todo el que le hiciera un cuento mejor que el anterior. Y el cuento del presente siempre sería mejor, porque es el que se habita en el momento y ya está. Ahora me enamoro igual, pero no se me nota. Tengo unos pómulos filosos, una seriedad instalada en el rostro y un cuerpo más pequeño y más musculoso que el de aquella temprana juventud. Otras cosas no han cambiado, todavía no me gusta el jamón, pero si hay que comerlo, se hará con una falsa sonrisa y absoluta inmunidad al sabor. Una tajada a la vez, del mismo modo en que proceso un recuerdo a la vez y trabajo cada músculo, rompiéndolo para repararlo y verlo crecer.

He conocido nuevas rebeldías. Después de un cambio de vida radical —maternidad, divorcio y mudanza— no soportaba mirarme en el espejo con aquellos vestidos largos de mangas largas y telas de flores. No toleraba mi melena rizada y alegre cayéndome hasta la cintura. Entonces comencé a usar pantalones con frecuencia, a alisarme el pelo que ahora llevo casi siempre largo, negro y liso. Me puse fuerte y empecé a enseñar las piernas y la cintura; algo así como un despojo o, quizás, una segunda adolescencia a la que accedí al filo de los 40 años.

Empecé a frecuentar el salón de belleza con más regularidad que el supermercado, me aseguro de tener las uñas pintadas, aprendí a maquillarme y a vestir acentuando mi silueta y no buscando desaparecer en telas como antes. Cultivo el consejo que una amiga sabia me compartió una vez: la vanidad salva. Tiene razón.

No salgo sin perfume y me deleito en dar conferencias con los labios rojos y en minifalda. Si la primera impresión es que soy tonta, me encanta. Quienes no se han enterado aún de que los rituales de belleza alusivos a lo femenino pueden ser o no parte de la proyección pública de una persona en el espacio intelectual —según ella lo decida y elija— están bastante tarde para ponerse al día. Antes me vestía para esconderme, ahora escondo algo distinto, mientras más me muestro.

Mi rebeldía, mi libertad, puede verse desde afuera como el haber claudicado a una imagen previa en apariencia más libre. De ser la muchacha despeinada, sin maquillaje y de faldas vaporosas a ser esta mujer severa que se tapa las manchas que le dejó el embarazo, entalla sus vestidos y usa tacones altísimos. Pero nadie imagina la libertad que emana del acto mismo de lucir como alguien tan distinta a mí y que, de pronto, siento tanto más genuina. Me observo y me recuerdo a esas mujeres que veía desaparecer taconeando por los pasillos de todas las oficinas del mundo. Desaparecer, verbo primario.

Entrar a ese redil ha sido la rebeldía de este tiempo. Contener el exterior, la única posibilidad de expandir el interior. Jugar. Columpiarse. Elegir. Eso era todo.

Huesos

1

Duelen muchísimo los tatuajes que se hacen sobre la piel de las costillas o, como es natural, en cualquier zona del cuerpo en la que la piel sea más fina, tenga menos grasa y esté cercana al hueso. Mis primeros dos tatuajes me los hice ahí. Un espiral en el centro del pecho que, posteriormente, pedí enlazar a la silueta de un toro que se extendía hasta debajo de mi seno izquierdo justo sobre las costillas. Algo pequeño, pero significativo en ese momento. Me voy a reservar los significados que les di a los 19 y 21 años a esas dos imágenes. Confesar su composición me parece bastante. Claramente, me da vergüenza y no creo que sea saludable jamás el perder la capacidad de sentir vergüenza. También porque a esa muchacha que fui, me toca cuidarla.

El tatuaje también es un intento de enfatizar, de reiterarse en un yo desde la piel. El psicoanalista francés Didier Anzieu en su libro *El yo-piel* construye una metáfora desde la cual equipara el modo en que la piel contiene el cuerpo al modo en que el Yo contiene la psique. Esta metáfora logra además una comunión entre la psiquis y el cuerpo, ese yo-piel, desde el cual es posible pensar que la piel incide en cómo estructuramos la mente y el pensamiento mismo. La piel registra el trauma, lo contiene, lo recuerda y termina sirviendo de alguna manera como mediadora entre el cuerpo y la psique.

«Lo sensorial es la primera huella mnémica que aparece en nuestra psique, empieza incluso antes de nacer a través de las experiencias de la vida intrauterina. El primer Yo es corporal, sensorial, y sobre él se estructurará un Yo psíquico que permite acceder a la identidad, al sentido mismo y a la realidad». Leo esta frase en un artículo de Aurora Döll y Ana Gálvez titulado «La piel como camino al pensamiento» y publicado en el número 14 de la revista *Átopos*, que se dedica en gran medida a la salud mental. «El primer Yo es corporal», releo y se me levantan todos los vellos de los brazos, mi piel cambia de forma —piel de gallina— y siento ternura por esa mujer joven que creyó que era posible fijar en el tiempo un yo, como si la piel no se transformara todo el tiempo, como si la tinta pudiera más que la escritura misma que las experiencias vividas traza sobre nuestros cuerpos. El mundo nos escribe encima. No hay tinta que pueda más que eso.

Entrados los 30 años sentía demasiada vergüenza de mostrar mis tatuajes, sobre todo, en aquel momento en que mi cuerpo —al fin— había sido elegido. A principios de 2017 me pidieron matrimonio. Acepté. No soñaba con casarme, ni con una boda grande, ni nada de eso. De hecho, me preocupaba, me hacía sentir incoherente con mis ideas y modos de ver la vida. Me parecía que, de alguna manera, estaba claudicando ante algo más grande que yo, decepcionando a mujeres como mi abuela paterna, por ejemplo, que siempre me dijo que se había casado porque no le había quedado más remedio. No era una opción ser una carga para sus padres y era obvio que no era el destino que ella hubiese querido. Su sentido del deber pudo más que su deseo de quedarse soltera toda la vida cuidando a sus padres. Cuando me hablaba de eso, siempre remataba el cuento dándome el mismo consejo: no te cases nunca, y si lo haces, hazlo con alguien que te quiera más que tú a él. No supe seguir ninguna de las partes de su consejo. No entendí a tiempo el porqué de su insistencia con enseñarme poemas de Julia de Burgos desde pequeña. Ella no quería que acabara siendo *«un intento de vida; / un juego al escondite con mi ser»*, como decía la poeta. Esos versos eran para repetirse hasta salvarse de esa sentencia. Yo, en cambio, me los tragué como pepa de china y me crecieron por dentro.

Tengo conciencia del absurdo o lo exagerado que puede ser el sentir que casarme era una suerte de traición a un linaje de mujeres que no tuvieron la opción de elegir. Y, a su vez, es lo que sentía, mientras contradictoriamente estaba feliz y aliviada de haber sido elegida al fin. No es una contradicción descabellada y sin raíz. La institución del matrimonio es y ha sido históricamente un espacio de control y un contrato en el que las mujeres hemos sido objeto de una transacción económica entre familias. Toda esta mirada del amor romántico es demasiado reciente en la historia como para que haya podido borrar las nociones estructurales de la institución en su fondo y forma. Antes de casarme me dediqué a leer libros acerca del matrimonio como institución. Necesitaba convencerme. Al final, hubo una idea en uno de ellos que me convenció. Se trataba de la posibilidad de pensar el matrimonio y el hogar que una pareja puede construir como una república fundada por dos. La idea de la casa, de la familia, como un lugar en el que es posible construir un pequeño país en el que dos personas que se aman arman su propia constitución. ¿Debatible? Por supuesto, pero quise dejarme convencer y lo conseguí.

Aun así, la boda sería o se convertiría en el camino para llenar el único vacío inmenso en la boca del estómago que no había podido llenar: el construir una familia propia. El trámite era lo de menos, si me acercaba a ese anhelo que tenía desde niña. Me imaginaba en una casa grande, con balcones a vuelta redonda, siendo anfitriona de una gran fiesta del Día de Reyes, alimentando a todo el que llegara, moviéndome de lado a lado por los balcones rellenando copas y repartiendo aperitivos. Parando de vez en cuando a bailar, con la casa siempre abierta, con música, con vida. Perdí la cuenta de la cantidad de veces que soñé despierta viviendo esa fiesta. Imaginaba también una casa siempre abierta los domingos para recibir visitas, la mesa siempre llena. Imaginaba lo que sospecho ha de ser el paraíso: una larga sobremesa en la que ante el rastro de los platos y cubiertos usados se hacen cuentos, se discute, se reconcilia, se le da sentido al comer, podernos contar los cuentos sin que interrumpa el sonido de las tripas. Vivir con el cuerpo y en el cuerpo. El hambre y la soledad alimentan ese divorcio cartesiano.

Clarice Lispector describe el pensamiento como una sensación. En su novela *La hora de la estrella* el narrador dice que «pensar es un acto, sentir es un hecho». Le creo. Sé lo que se siente estar en una fiesta a la que nunca asistiré.

Comencé a imaginar también la maternidad. Nunca había querido ser madre tampoco. Recuerdo espantar a una de mis tías cuando a los doce años le dije que no planificaba tener hijos y continué espantándola con el mismo pensamiento a lo largo de toda mi adolescencia. Ella me hablaba del amor más puro y todo eso y yo volteaba los ojos de lado a lado con hastío. Yo quería viajar y escribir, y eso hice.

Cuando le dije a mi madre que me iba a casar, su rostro reflejó más sorpresa que alegría. No dejes de viajar, fue todo lo que me dijo. Me sorprendió. A los padres, cuando uno cree al fin tenerlos leídos, les salen aristas desconocidas.

El deseo maternal me nació cuando nació mi primer sobrino. Cuidarlo, acompañar a mi hermana en el proceso, o quién sabe si fueron las hormonas, el mentado reloj biológico o todo a la vez, pero empecé a sentir un deseo urgente de ser mamá. Me dejé llevar entonces y complací y accedí a una boda enorme en la que, por muchos momentos, me sentí más como una invitada que como una protagonista, pero ahí estuve y aposté al rito una vez más. Llevé el cuerpo vestido de blanco, con un vestido pesado y hermoso, el cabello recogido y el cuerpo lo más puro que alcancé a sentirlo hasta el momento.

Meses antes de la boda, decidí que no quería entrar al matrimonio con tantas marcas. Si iba a hacer esto, si estaba ya convencida de atravesar ese umbral, quería hacerlo sintiéndome si no pura, cuanto menos limpia. Lo escribo y no lo creo aún, pero es la verdad. Así se sentía la misma mujer que a los veinte y tres años viajó a París por primera vez y se retrató toda seria y formal frente a la tumba de Simone de Beauvoir y dejó un beso marcado en la tumba de Julio Cortázar con la siguiente frase: «Me quedo en la autopista del sur». Era joven, romántica, hambrienta de vida y libertad. ¿Cómo llegué a querer sentirme limpia para casarme, yo que andaba feliz a los veinte años besando tumbas? ¿Cómo llegué a pensarme sucia en primer lugar, a mí que todo lo puro siempre me ha incomodado tanto?

Aunque acepté y le enseñé a todo el mundo el anillo como evidencia hueca de mi valía, la mujer que me nacería por dentro tenía sus dudas. Un buen amigo, dramaturgo y medio brujo, un gemelo que tengo por ahí, se dio cuenta sin que yo le dijese nada y me dijo: ¿qué te preocupa? ¿Qué te da miedo? ¿Estar con un solo cuerpo por el resto de la vida? Le dije que sí. A lo que respondió: hermanita, no te va a bastar una vida entera para conocer otro cuerpo. Al día de hoy es una de las lecciones más hermosas que recuerdo y la vivo todos los días con cuerpos que he amado y deseado, y cuerpos con los que interactúo de otras maneras y no cesan de fascinarme, de mostrarme nuevos gestos o pliegues. Mi gemelo es un artista cabal. Te enseña a mirar.

Entonces hice la paz no solo con la incomodidad que me provocaba el que fuera tan importante para mí sentirme elegida, sino con algo mucho más complejo, con la responsabilidad de elegir.

No pocas mujeres comparten esa sensación, el sentir que en algún momento decidieron casarse porque querían sentirse elegidas. Después de todo, hemos sido socializadas para eso, para agradar, para atraer, para ser escogidas entre las demás y, tristemente, no hubo formación política, académica y social que pudiera más que ese maldito constructo. Estaba feliz de haber sido digna de selección, aunque observando mi cuerpo, no lo sentía aún a la altura de la experiencia. Por eso decidí borrarme dos de los tatuajes.

Indagué acerca del proceso y, naturalmente, lo menos que me intimidó fue lo doloroso que advertían podría ser. Hice la cita con la dermatóloga en cuya clínica hacían el procedimiento y comencé. Cada sesión costaba cientos de dólares que pagué a plazos con mi salario de vivir mes a mes. Se convirtió en una absoluta prioridad sentir —gracias a esa decisión— una especie de borrón y cuenta nueva antes de la boda. Quería borrarme unos cuantos pasados del cuerpo y de la memoria, como si se pudiera, como si el cuerpo no supiera siempre tanto más que uno.

El proceso era tremendo, un poco medieval, la verdad. Te colocaban unas gafas protectoras y aplicaban una crema con algo de anestesia y procedían a quemar el tatuaje con un láser. Sentía el calentón y el ardor hasta el hueso. El olor inolvidable a carne humana quemada, el alivio de la purga con el horror de sentirla. Recuerdo temblar en cada sesión una y otra vez al contacto del láser. Me agarraba con las dos manos de la silla y aguantaba con convicción hasta que, al fin, me ponían hielo en el pecho y en toda la zona quemada y me iba con instrucciones de volver en un par de semanas o un mes. Durante ese tiempo, se me formaban unas burbujas de quemaduras inmensas que debía ser muy cuidadosa de no explotar para evitar cicatrices. No podía usar sostén y elegir blusas era un reto, las burbujas adquirían una forma un tanto amarillenta hasta que, poco a poco, se iban secando y con el tiempo las líneas negras iban tornándose un poco más difusas. Luego de unas cinco sesiones se acercaba la fecha de la boda y no quise continuar por temor a tener las burbujas ese día. También porque, luego de haber borrado todo lo que pudo, la doctora me explicó que difícilmente borraría más la tinta que quedaba por mi color de piel olivo.

Así que quedé con un trazo ligero y borroso de lo que fue aquel tatuaje. Lo prefiero así, una cicatriz elegida, en lugar de una marca que me recordaba valores que ya no poseo.

Ese año previo a la boda fue tan extraño, fui cayendo poco a poco en todos mis prejuicios. Abrazándolos incluso. Recuerdo cuando fui con mi hermana y mi madre a comprar el traje de novia que mi hermana me regaló. Me medí muchísimos y cuando elegí uno me dieron una campana para anunciar que había seleccionado un vestido. Era hermoso, mangas acampanadas, encaje de flores, cuello en V, una cola redonda. En ese momento mi madre lloró, mi hermana lloró, yo lloré, la vendedora lloró y todos los grupos de mujeres a mi alrededor lloraron también. Sentí una mezcla de ridículo y emoción. No se supone que yo quiera esto, que yo crea en esto, pero ¿por qué me siento así, tan conmovida, por qué sé exactamente lo que todas las mujeres que están aquí hoy están sintiendo? ¿Qué es esto que me es ajeno pero siento tan propio? ¿Qué es esta sensación que resisto y a la vez siento tan genuinamente? ¿Por qué no me arranco el vestido y me cuestiono si lloro porque este destino no se siente del todo elegido? ¿Realmente esto es lo que quiero? ¿Por qué siento que sí, si el raciocinio me dice que no? En este cuerpo nadie se entiende.

Me miré al espejo vestida de novia, a mi alrededor las mujeres lloraban y aplaudían, como si me hubiese salvado de algo, de un destino terrible. El espejo me devolvió la imagen de una mujer confundida, conmovida, emocionada, perturbada, feliz y aterrada. Salvarse es un verbo tan extraño.

2

Me casé y a las pocas semanas pasó el huracán María por Puerto Rico destrozando todo a su paso. El mundo conocido, el cuerpo tierra amado, adquirió otra forma en el transcurso de una noche horrible. El país no sería el mismo; tampoco lo seríamos nosotros.

Del huracán casi todos los autores de Puerto Rico hemos escrito algo. No había manera de no hacerlo, llevamos ese huracán en el pecho. De lo que les hizo a los cuerpos no se ha dicho tanto. Una amiga escritora explora en su novela inédita la urgencia sexual que se instaló en el país meses después del huracán. Era como si todos estuviésemos desesperados por afirmar la existencia por la vía del cuerpo, por reproducirnos, por reaccionar instintivamente a aquel desastre. Sobrevivir. Sentir. La misma cosa.

Otro amigo lo trabajó narrando el modo en que poco a poco, quienes los habíamos abandonado, fuimos volviendo a los oficios manuales: un artista plástico que regresa a sus labores como barbero, un escritor que se ganará la vida en un taller de albañilería, una ejecutiva que se dedicará por meses a repartir diésel, una maestra que tallará y venderá tablas de madera para lavar ropa.

Casi todos hablamos del calor de los días después, del tráfico de hielo y gasolina, del silencio de las casas sin electricidad que se sienten como esqueletos de cemento y del ruido y olor insoportable de las plantas eléctricas. Conocimos otra vez los callos en las manos de tanto lavar a mano y exprimir, y el insomnio y el sopor y el hastío. Los cuerpos instalados en la modernidad se rebelan cuando son colocados unas pocas décadas atrás, pero se adaptan rápido. En poco tiempo ya teníamos sistemas para resolverlo todo. Eso sí, me refiero a los que quedamos. Murieron de todas las negligencias posibles 4,645 personas. Una instalación frente al Capitolio de rastros del cuerpo que ocuparon miles de zapatos sirvió para consignar en imagen y memoria ese huracán lento que dejó tanta muerte meses después.

El huracán —y tanto más que no viene al caso— forzó un traslado y mi nuevo esposo y yo nos fuimos a Los Ángeles. El cuerpo se adaptó plenamente al clima de la ciudad, pero jamás a sus ritmos, sus valores, sus esencias. El cuerpo sabe dónde encaja. No conviene contradecirlo tanto.

A mí déjenme hoy o mañana en Buenos Aires o en Madrid, en cambio en Nueva York o en la Ciudad de México quiero siempre ser ave de paso. En Cartagena y en La Habana visitante de largo plazo, y así en cada ciudad nueva que se va descubriendo una sabe cómo la carne y los huesos que carga se van a acomodar. Los Ángeles siempre me hizo sentir desubicada. No he vuelto y espero no volver. El mundo es demasiado ancho y pleno como para insistir en encajar donde no se siente natural.

Vivíamos en un barrio en el cual ya la gentrificación era abrumadora y los contrastes entre las personas que paseaban a sus mascotas en coche por Echo Park y las que pasaban la noche allí a la intemperie o en casetas de acampar parecían no incomodar a nadie. Esa normalización de los fracasos sociales refleja mucho de ese rasgo de falsa amabilidad que veo tantas veces en ciudades estadounidenses. Ese «ay, lo siento», con gesto compungido; seguido inmediatamente de una sonrisa entusiasta acompañada de un «pero no te preocupes, todo va a estar bien». Lo que nadie te dice es cómo y cuándo va a estar bien qué.

Me aventuraba a caminar por Sunset Boulevard —luego supe que no debía andar caminando por ahí del modo en que lo hacía— y me encontraba, además de escenas dolorosas, comunidades enteras de personas viviendo en casetas de acampar, que iban y venían de sus trabajos, con negocios que reflejaban lo que allí tenía prioridad y valor. Una tras otra veía los mismos bloques comerciales repetirse. Dentistas para el blanqueamiento dental, restaurantes que mercadean sus alimentos veganos como pociones mágicas de salud garantizada, veterinarios y negocios que ofrecen hasta trajes de boda para perritos, muebles antiguos, ropa *vintage* a sobreprecio y salones de masajes tailandeses que no disimulan para nada el tapadero que son para el negocio de la piel. Entre todo esto, los carritos mexicanos de tacos, la gente que habla español e inmediatamente te acogen por ello, los estadounidenses amables, pero sin mucha idea de cómo funciona el mundo, los actores frustrados, la gente hermosa, la cercanía del Pacífico, un agua que no comprendo y tanto más. Mi cuerpo no lograba estar allí.

¿Por qué? No lo sé, pero si es cierto el dicho de que migrar es llevar la casa en el cuerpo, mi cuerpo recién casado y agotado por el desastre no había logrado armar una casa propia aún. Quizás no es culpa de la ciudad, quizás es que mi casa soñada no tenía cimientos. El cuerpo lo sabía. No había una casa que cargar.

3

Escribí un libro entero a dos manos con la escritora Edmaris Carazo acerca del embarazo. Lo titulamos *Parir es partirse* por una frase extraordinaria que sacamos de uno de sus textos. Exploramos sin romanticismos, y hasta cierto punto crudeza, la animalidad de la experiencia.

Porque resulta que cuando estás embarazada el cuerpo te obliga a aprender a ocupar espacio, a no quererte achicar como dicta el manual. El cuerpo se llena y se rellena. Las tetas inmensas, las manos y las piernas inflamadas, todo agrandado en ti y todo al servicio de la nueva vida. Si es necesario que pierdas una muela porque el feto requiere el calcio, así será, y así con todo. Mi embarazo fue un tormento, prácticamente, cubrí la cuota de casi todos los síntomas. Perdí el uso de las manos al final por el nivel descomunal de los nervios pinchados en el túnel carpiano. No podía ni sostener un vaso sin que se cayera, mucho menos escribir.

Entonces vino la pandemia cuando tenía las 39 semanas y pasó todo tan rápido. El hospital vacío, con el mínimo de personal, mi doctora embarazada también, todo el mundo muerto de miedo en el primer cierre del país. Mi hijo nació el 23 de marzo de 2020, después de horas de dolores de parto, por la vía de una cesárea de emergencia. No lo vi nacer y esa idea me amargó por un buen rato, pero tengo intacto el recuerdo de cuando lo conocí.

Me lo dieron en brazos y pensé tres cosas, solo tres. ¿Cómo era posible que su cabecita fuera más pequeña que mi mano? ¿Cómo es posible que mis propios ojos me estén mirando de vuelta? Y la más importante: ya nunca más voy a estar sola. Su papá estaba ahí, pero eso fue lo que me cruzó el pensamiento. Con el tiempo entendería lo que significaba esa emoción primaria, lo que me quiso decir el cuerpo cuando intercalé dimensiones físicas con imágenes sobre el futuro. Es como si aquel cuerpo que acababa de atravesar esa inmensa ruptura que es dar a luz me estuviese advirtiendo acerca de lo que vendría. Ojalá lo hubiese sabido descifrar entonces.

Su pequeñez me impresionó porque mi hijo nunca fue realmente pequeño. Pesó casi nueve libras al nacer, pero entre mis brazos se sentía tan chiquito, sus deditos se movían como gotitas, sus sonidos agudos, su cuerpecito cabía en la mitad de mi brazo. No entendía hasta ese momento lo que realmente significaban los diminutivos. La vida compacta, la vida en su instante más poderoso. La pequeñez. Todo contenido en un cuerpecito caliente y experimentando el mundo por primera vez. Instintivamente lo mecí moviéndome de lado a lado en la cama. Lo olí como el animal que soy. Me lo pegué al cuerpo como si quisiera volverlo a meter adentro para protegerlo. Lo alimenté sin saber bien cómo hacerlo, pero sucedió sin esfuerzo. Lo mecí un poco más. Lo mecí casi toda la noche. Amar es ser un columpio para el otro.

Mis tetas, que nunca pasaron de la copa B, se convirtieron en un prodigio. Creé incluso un banco de leche y mi hijo tiene dos hermanitas de leche a quienes pude proveer leche materna porque mi producción fue tal que daba para él, para repartir y para almacenar. De un solo seno podía extraer quince onzas en una sola extracción. No hay explicación biológica que me impida ver eso como lo que fue, pura magia, sin más.

En pocas semanas su cuerpecito empezó a cultivar unos rollos de carne increíbles. El mundo estaba en pausa y yo solo lactaba, en quietud, encerrada, en paz. Comía dos desayunos y dos almuerzos con un hambre que sabía que no era mía. Ni durante el embarazo comí tanto. Aun así, perdía peso aceleradamente, mientras múltiples veces al día sentía el calentón y el bajón de la leche desde el pecho hasta los senos casi haciendo explotar los pezones. En más de una ocasión, si no me pegaba el niño o me sacaba la leche, los pezones explotaban y chorreaban todo a su paso. Impartiendo clases virtuales me pasó más de una vez, por suerte el cuadrado de la videollamada no llegaba tan abajo.

Era fácil en ese tiempo no ver las señales de que el matrimonio se desmoronaría. El mundo estaba paralizado. Toda conducta pasaba por ese filtro. Además, acababa de tener un hijo, estábamos aprendiendo a cuidar de un bebé en medio de una incertidumbre global. Cambiaba nuestro mundo interior y el exterior, todo a la vez.

Me pasé el primer año de vida de mi hijo con él pegado a mí como un canguro, como si ninguno de los dos nos hubiésemos enterado de que nuestros cuerpos ya se habían separado cuando cortaron el cordón umbilical. Con el tiempo entendería que ese proceso no termina nunca, que mis ojos me miran de vuelta siempre y que el rastro que dejó su existencia dentro de mí es la marca más hermosa que poseo.

El cuerpo del posparto era un cuerpo nuevo que empecé a descubrir: se me definieron mucho más los músculos de los brazos de tanto cargar a un bebé inmenso, el pelo me creció con una rapidez inusual, usé fajas para ayudarme en la recuperación de la cesárea y, ¿a quién voy a engañar?, porque quería recuperar mi cintura. En dos o tres meses ya me servía toda mi ropa de nuevo y las casi 40 libras que aumenté en el embarazo habían abandonado mi cuerpo sin dejar mayor rastro. Solo el ombligo, que se estiró hasta dimensiones insospechadas en el último trimestre, quedó un poco entristecido, como haciendo una mueca de dibujito de cara triste. No me tocaron estrías y la cicatriz de la cesárea sanó con una velocidad y precisión que, por momentos, casi ni alcanzo a verla. Todo eso suena maravilloso porque lo es. El cuerpo es una máquina que no para de sorprenderte. También como mi barriga fue gigantesca, todo el mundo pensaba que cargaba gemelos y, en los últimos meses, me miraban con una mezcla de pena y terror. No me encontraba en un cuerpo tan grande. Nunca aprendí a ocupar tanto espacio. Le tenía miedo a ese cuerpo expandido. No supe ver lo que significaba esa inmensidad. Qué rabia da reconocerse tan domesticada.

Mientras todo volvía más o menos a su lugar, fui notando ciertos cambios en la mirada y en las expresiones de mi rostro. Me observo en las fotos de ese momento y veo una dignidad distinta, veo un animal capaz de comerse a otro crudo de ser necesario, veo una fortaleza que no nació conmigo, me nació por dentro. Esa imagen poética tan poderosa y explorada por tantos autores, la idea de que el cuerpo es una herida iluminada, un espacio y experiencia —todo a la vez— desde el cual se transforma el pensamiento y la esencia misma del ser la encarné en ese periodo. Se me notaba en el rostro, en la liviandad del caminar, en la fuerza de mis brazos, pero, sobre todo, en la nueva capacidad de mirar más allá de la mirada que antes poseía. Mi cuerpo aprendía a ver, tacto y visión, la misma cosa.

Lo miré y lo miré. Me dejé asombrar por cada gesto. Descifré cada variedad de sus llantos, olvidé todo ante la aparición de una sonrisa minúscula y desdentada que me hacía cosquillas por todo el cuerpo. Miré y amé y arrullé y amé más. Amo más. Pasé más horas ese año en la mecedora que en cualquier otro lugar de la casa. Le compuse canciones, le canté con mi voz desafinada y siempre ahogada, lo mecí y lo mecí y lo mecí, columpiándolo a la vida, arrullándole el sueño, amando cada nueva versión de ese bebé que se tragaba a la anterior.

la casa. Le compuse canciones, le canté con mi voz desafinada y siempre ahogada, lo mecí y lo mecí y lo mecí recomponiéndole la vida, arrullándole el sueño, amando cada nueva versión de ese bebé que se tragaba la anterior.

4

Después de la cirugía, pasé poco tiempo en la sala de cuidados intensivos del hospital Pavia de Santurce, la velocidad de la recuperación despojó temores de peligros mayores y fui trasladada a una habitación. Me colocaron encima de una sábana que hacía las funciones de hamaca para pasarme de una camilla a la otra. Cada vez que el cuerpo caía sobre otra superficie, por blanda que fuese, el dolor se sentía como si todas las costillas fueran a hacerse polvo por dentro.

Esos días posteriores a la cirugía me la pasé concentrándome en evitar toser y estornudar, en moverme lo menos posible una vez encontrase una posición tolerable y, cuando había medicamentos para el dolor, comenzar a dar paseos cortos primero por la habitación y luego por el pasillo. A los pacientes de cirugías de corazón abierto, o toracotomías como la mía, nos entregan en ese hospital un cojín en forma de corazón. El mío tenía mi nombre: Ana Toro, y la enfermera me explicó que era «el corazón de toser». Es decir, que cuando fuera necesario toser o estornudar debía abrazarme a ese cojín —que era bastante mullido, por cierto— y apretarlo con la esperanza de que hubiese algo de control en el pecho y el dolor del estruendo interior fuera menor. Nunca tuve uno de esos peluches a los que los niños se apegan en la infancia, pero ese corazón de felpa se convirtió en un anejo de mi cuerpo por los próximos meses. A veces me molestaba que tuviera forma de corazón, como si fuera un mal chiste. Otras, daba las gracias a la persona a quien se le ocurrió semejante diseño porque el dolor de toser con la caja toráxica rota, con cicatrices internas y externas, necesitaba algo más que algo que contuviera el golpe, necesitaba una imagen que aliviase, así fuese la de un corazón que te ayuda a aguantar el golpe.

La primera vez que caminé de la cama al baño me fatigué como si hubiese hecho una carrera. ¿Esto iba a ser la vida? ¿Moverse así con esta lentitud? Era obvio que no, pero en esos momentos, todo se siente permanente. Tener conciencia de que no lo es, sirve de poco.

Vendrían muchas más primeras veces: la primera vez que pude recoger algo del piso, la primera vez que pude acostarme enteramente plana en la cama, la primera vez que me monté en un avión después de aquello y toleré el dolor de la expansión del pulmón al elevarnos, la primera vez que cargué a mi hijo de nuevo. Pasarían meses y, en algunos casos, un año antes de acumular todas esas primeras veces.

En el hospital, recién operada, me advirtieron que no podía cargar nada pesado y había que creerles, arrastrar el carrito del suero representaba un esfuerzo mayor. Para moverme, además, tenía que contar con la ayuda de alguien que agarrara la caja a la que estaban conectados los tubos de pecho y que recogía los excesos de fluidos que quedaban en el pedacito de pulmón que se salvó del corte.

A esa habitación llegué en desventaja porque el cuerpo ya venía golpeado, no por la cirugía, sino por todo lo que había pasado por esa carne y esos huesos el año anterior.

En mayo de 2022 me fui con mi hijo de la casa que intenté construir cuando me casé y no regresé. Me divorcié en apenas cuatro meses y viví en la casa de mi hermana y su familia durante seis meses completos en los que perdí más de 20 libras —dejé de pesarme en un momento— y experimenté las dimensiones que puede tener la depresión cuando ocupa cada espacio de tu cuerpo. Incluso, cuando tu cuerpo intenta desaparecerse y hacerse cada vez más pequeño, menos visible, como si al achicarse le cupiese adentro menos dolor. Pero sucede que el dolor agranda todo lo que toca, lo inflama, lo crece. Achicarse es inútil, pero consuela tanto.

¿Por qué se acabó el matrimonio? Por lo mismo que terminan todos, un desencuentro, un proyecto común que no funcionó, que nunca cuajó, gente que se hiere con y sin el deseo de hacerlo, gente que se engaña, engaña y deja engañar, gente —quiero, elijo pensar— que hace lo que puede con lo que tiene, y no teníamos mucho. ¿Que si hubo drama? Todo el drama del mundo. ¿Que si importa ahora? En lo absoluto. Ni para alimentar el morbo ajeno, ni para inventar cuentos de víctimas y victimarios. Empezar a responder a esa pregunta desde el vacío de significados, porque ya se le han otorgado todos los posibles, es una posibilidad que no voy a rechazar.

Pero en medio del caos que representó un cambio de vida tan radical y rápido, no sabía nada de eso. Tampoco sabía que era posible desmayarse de pura tristeza o llegar a tener los labios partidos ante la deshidratación de llorar por horas. Tuve episodios de insomnio y sonambulismo. Creo, incluso, que rocé por momentos la locura. Era tan tentador ese abismo. A veces me ponía la alarma y me daba permiso de llorar una hora o dos, veinte minutos, y cuando sonaba sacaba las cucharas congeladas, me las ponía en los ojos para bajar la hinchazón y seguía con el día. A las ocho de la noche daba gracias a Dios de haber llegado a una hora en la que fuera razonable acostarme a dormir. Entonces le leía un cuento a mi hijo y nos dormíamos acurrucados hasta el otro día, cuando la primera luz de la mañana me anunciaba la maldición inevitable: un nuevo día que tendría que vivir sintiéndome así acababa de iniciar. Cuidar de mi hijo, que tenía dos años entonces, se convirtió en el único motor de la existencia. Cuidar cuando uno se siente roto es la mejor forma de recomponerse. De ahí que ahora, y creo que siempre, lo único que me importa realmente es ser útil. Servir de algo. De ahí emana toda forma de bienestar.

En esos meses escribí conferencias, ofrecí discursos, seguí trabajando en modo automático. De mucho me sirvió esa disposición a la disciplina monacal cultivada desde pequeña. No había espacio para pensar en las ganas, todo se hacía y ya está. Comía poco, pero comía para que nadie se preocupara. Me aseguraba de que me vieran comer el guineo, el pan y el café que, la mayoría de los días, era lo único que aguantaba en el cuerpo. Tomé vino, mucho vino, para anestesiarme cada vez que podía. Me mediqué. Fui a terapia dos veces a la semana casi por un año. Pero el espejo que era la mirada de los demás me devolvía una imagen insoportable. La gente me miraba con pena, me trataba con pena. Me decían «la muchacha con el nene» en el supermercado, a mí que tenía 38 años bien cumplidos y me considero una señora desde los cinco.

Me perdonaron infinidad de tardanzas en los trabajos, yo que nunca había fallado a un *deadline* en la vida. Era sagrado para mí, pero un cuerpo deprimido y ocupado por esa sensación de falta de todo no concibe nada sagrado. Todo es humano, todo se hace arena entre las manos. Excepto bañar a mi hijo, alimentar a mi hijo, buscar a mi hijo, llevar a mi hijo. Te salva cuidar. Te salva tanto.

Además de mirarme con pena, me felicitaban constantemente por estar tan flaca. Estaba usando talla 00 de pantalón y, muchas veces, me quedaban grandes, pero para todo el mundo me veía fenomenal. Más joven, más guapa, más liviana. A la gente le encanta ver los cuerpos de las mujeres empequeñecerse. No solía saber qué contestar. *¡Gracias! Es la depresión.* No sonaba como una respuesta sensible a un comentario incómodo disfrazado de halago y, en muchos casos, dicho incluso como un halago. En momentos así aprendes que no todo lo que se siente como un puñal viene en tu dirección y dirigido directa y específicamente por una persona que quiere herirte. Los puñales tienen muchas manos, los construye la cultura y llegan a ti, casi siempre, por la vía del azar.

Me resultaba tan extraño ese cuerpo tan pequeño, pero cada semana notaba cómo seguían yéndose las libras y las ganas y, la verdad, era un alivio sentir esa lenta extinción. Porque cuando estás deprimida confirmas que el dolor transforma y atraviesa todo tu cuerpo de manera literal, nunca simbólica.

Me dolía el corazón y dormía con la mano en el pecho para tolerar la punzada permanente. La boca del estómago era un volcán de malestares, la cabeza me retumbaba todo el tiempo, me salían moretones no sé bien de dónde, los cachetes me pesaban como bloques y cada vez que lloraba sentía que me derretía y me hacía agua también.

¿Por qué tanto dolor? Por lo evidente. Lo único que me había atrevido a desear en la vida era construir una familia y no sucedió. No sucedió del modo en que quería. No sucedió a pesar de que logré cultivar un rosal en el calor de Río Grande y servir albahaca fresca de mis manos en la mesa. No funcionó porque no iba a funcionar y ese fracaso se sintió peor porque cuando uno crece en un mundo en el que soñar pertenece a quienes pueden, atreverse a hacerlo representa un quiebre muy profundo. Yo soñé y perdí y en el camino me hice polvo. Absoluto polvo.

Una amiga que ha pasado por cosas peores me habló de lo terapéutica que le había sido la cerámica en un momento dado. Me lo dijo y me recordó la metáfora de la vasija rota, del valor de volver al barro y reconstruirse. Tenía razón, pero en ese momento era incapaz de ver metáforas en ninguna parte. Cuando eres polvo, cuando eres fango, cuando estás dispersa en el suelo sin forma conocida o reconocible no hay manera de imaginarte conformando forma alguna de nuevo. El polvo es todo y nada a la vez. No hay raciocinio en ese estado. Cuando se conoce la noche oscura del alma, como le llamó San Juan de la Cruz a ese estado de comunión máxima con la belleza toda y la sombra toda, se vive desorientado. Interrumpido. Un poco muerto. Sí, es posible morirse un poco. Lo sabe todo el mundo.

5

Mi pelo era virgen. Nunca me lo había pintado, pero la urgencia de verme tan diferente como me sentía se impuso. Ya había pasado lo peor, pensaba. Y como uno es lo que uno es, aunque no quiera, viví el rito del divorcio como viví el casamiento. Me vestí de blanco, pero esta vez con un traje de chaqueta y pantalón, firmé todos los papeles que había que firmar y regresé a la casa. Puse la alarma. Me permití llorar de doce del mediodía a tres de la tarde, y a las cuatro en punto ya estaba en una reunión de trabajo, y a las cinco buscando a mi hijo. Me dormí a las ocho, como todo ese año, en la pequeña cama de una plaza de mi sobrina —que tiene la misma edad de mi hijo— y en la que mi niño y yo dejábamos, incluso, espacio libre.

Fue muy extraño para mí el que me tocara un niño cariñoso. Mi abuela paterna, que me quiso tanto, me dio por primera vez un beso en el cachete —un poco obligada por las circunstancias— a los quince años. Era lo normal en esa generación o quizás en el campo, no lo sé. Pero en mi familia, los abrazos, las caricias, eran algo más que extraño, incómodo. Entonces, claro está, como tenía que ser, mi hijo es una máquina inagotable de besos y abrazos que vive pegada a este cuerpo que no los entiende, un cuerpo arisco, un cuerpo eléctrico como esas flores que te hacen cosquillas en la lengua al comerlas y, al mínimo contacto, te llenan la boca de fiesta y de picor. Cada roce, un suceso. Cada contacto, una decisión que paraliza, incomoda, te hace rendirte o te vuelve una gata a la que le crecen las uñas y se trepa en todos los techos. Pero si la mano es de mi hijo, la recibo aunque se sienta extraña. Sus pies terminan en mi cara a mitad de la noche y, aunque no romantizo el cantazo que te despierta, se siente increíblemente bien ser el reposo de un pie con forma de bollo de pan a medianoche. Tengo suerte quizás de no haber recibido muchos abrazos temprano en la vida, no como una carencia, sino como una dimensión de una manera de existir en los campos y en tantos otros espacios. Digo suerte, porque cada encuentro con otra piel es un suceso.

Es eléctrico, es dulce, es lo que corresponda, pero sobre todo, es un extrañamiento, una situación incómoda que me obliga a rendirme o a resistir. Y sospecho que saber amar es saber bailar entre ambos extremos.

Después de la firma y el llantén me pinté el pelo, algo sencillo, unos acentos de tonos claros que me «darían luz», según ese hombre hermoso que me lo pintó y que, como siempre pasa en los salones de belleza, al tocarte la cabeza te da permiso de contar, de contarte. No recuerdo de qué hablé, pero las yemas de aquellos dedos me devolvieron algo que se me había perdido.

En ese periodo de probarlo todo y de decir que sí a todo, acepté ser jurado en el Miss Universe Puerto Rico, el certamen nacional que elige a la representante del país al Miss Universo. No puedo detenerme a explicar el aluvión de contradicciones que me atravesaron en ese momento. Además, no hace falta, son evidentes. Pero lo que sí es memorable de esa experiencia fue el transformar el cuerpo con maquillaje, con peinado, con un vestido amarillo brillante y adquirir una postura de quijada alzada que me era ajena hasta el momento. Ver a las concursantes modelar, entender el código tan específico de la belleza que opera en ese espacio, el esfuerzo contemporáneo de retarlo —con concursantes que han sido madres, son mujeres trans o, simplemente, no son ni tan altas, ni tan jóvenes, ni delgadas a niveles extremos y poco saludables— y la búsqueda de un cuerpo que encarne todos esos ideales en una sola mujer fue un aprendizaje del que no me arrepiento. Me lo dijo un buen amigo una vez, uno siempre tiene que tener la capacidad de llevarse la contraria a uno mismo.

Esos fueron los últimos días que pasé en la cama de mi sobrina y la casa de mi hermana. Me pude mudar con mi hijo a un apartamento gracias a la generosidad de mi mejor amiga y comenzó otro ritmo y otra vida. Las pesadillas seguían, pero estaba un poco más sólida. Había ganado algo de peso y ya no le rogaba a la noche que llegara de una vez todas las tardes. Conocí a un hombre hermoso con el que resucitó mi sexualidad y rápidamente conformé una nueva rutina para seguirla con devoción. Amo la repetición, la serenidad que me brinda el creerme esa ficción de que un día puede ser igual que otro. Seguía trabajando, armándome una nueva idea de familia de dos, llorando cada vez menos e intentando conocer a esa mujer nueva que estaba al otro lado de aquel tiempo.

En esos meses me invitaron a participar en un congreso académico en Cádiz. Llevaba meses con una extraña ronquera que había atendido a cuenta de jarabes y paciencia, pero no cedía. Perdía la voz, volvía, pero no me cruzó el pensamiento jamás que pudiera ser algo serio.

Asistí al Congreso Internacional de la Lengua Española 2023, presenté mi ponencia, reconecté con amistades, recordé que puedo amar las palabras más de lo que puedo amar tantas otras cosas y recuperé algo del déficit de optimismo que me había amargado tanto en los pasados meses. Terminé en un almuerzo de todos los invitados con los Reyes de España, uno de esos instantes que, de tan absurdos, se tornan divertidísimos. Un, ¿qué hago yo aquí?, ¿qué hace aquí este cuerpo que es testimonio y carga en sus facciones y su piel, el saldo de una historia tan brutal? Eran preguntas que te obligaban a repasar la historia de tu vida, tu familia, tus ancestros, todo lo que se conjuga para un encuentro tan inusual y significativo, precisamente, por su insignificancia. Estaba, por primera vez en casi un año, feliz.

Decidí quedarme unos días adicionales en Madrid cuando finalizó el congreso, quería ver amistades, pasar por las calles en las que anduve cuando vivía allí. Esas últimas dos noches la voz volvió a apagarse y empecé a sentir calentones y ahogos. Fui a la farmacia, compré lo que me pareció adecuado y me fui a la habitación. Ya tenía la maleta lista para irme al día siguiente, pero justo al recostarme en la cama a dormir al fin sentí la misma punzada en el costado que había sentido en Madrid quince años atrás. Esa sensación de puñal que te paraliza y te tensa el cuerpo hasta las piernas la conocía muy bien. Es un tipo de dolor muy específico, te provoca, sobre todo, miedo. Sabes que es más fuerte que tú.

Calibré mis opciones, si procuraba un médico a través del hotel o si me iba a una sala de urgencias, estaba segurísima de que no iba a abordar el avión de regreso. Llevaba una semana fuera, sin mi hijo. No quería quedarme por un tiempo indefinido tan lejos otra vez, enferma en otro hospital de Madrid.

Tensé el cuerpo todo lo que pude y pasé la noche casi inmóvil evitando tentar el dolor con cualquier movimiento. Amaneció al fin y con movimientos muy leves comencé a prepararme. El dolor estaba dormido, pude cargar la maleta y salir de allí sin mayores problemas. Ocho horas de vuelo después llegué a San Juan a eso de las cinco o seis de la tarde. Mi hijo me esperaba en casa junto a mi madre. Los abracé, lo bañé, organicé un bulto con lo esencial para el otro día. Tenía muy claro que estaba por comenzar un proceso largo, aunque jamás imaginé que tanto.

Conozco los ritmos de las salas de urgencias. Antes de aquella larga hospitalización en Madrid había pasado por todo tipo de estadías en hospitales. Desde gastritis hasta insolación, desde muy joven me habían hospitalizado por muchísimas cosas. Un domingo en la noche no habría especialistas, tendría poco sentido llegar allí. Perdería la noche esperando en una silla fría e incómoda. Me acosté a dormir como pude y esperé a la mañana siguiente.

Dejé el desayuno hecho y a las seis de la mañana me fui al hospital. No quise preocupar demasiado a mi madre y le dije que iba a ir para descartar algo más serio, pero me vio salir con el bulto y la frisa y ella también entendió. Busqué en el mapa del celular el hospital más cercano porque ya no toleraba el dolor. Esa fue la única consideración. Me dirigió al hospital Pavia de Santurce que estaba a cuatro minutos de mi casa. Bendito sea Dios.

Tras el primer examen de rigor y tan pronto llegaron los primeros resultados, la doctora de turno me llamó y me advirtió que ese día no saldría de allí, que la infección era demasiado severa y que necesitaba tratamiento en el hospital. Tenía una pulmonía salvaje.

El día entero me retorcí de dolor en una camilla en el pasillo y todos los médicos que me atendieron se negaron a darme ningún medicamento para el dolor. Uno de ellos, que hoy día es un buen amigo, me explicó más tarde que yo cumplía con muchos de los estereotipos de una persona adicta a opioides. No fue hasta que se hicieron pruebas más agresivas que se pudo confirmar la magnitud del asunto y tarde en la noche me pusieron un parcho de fentanilo. Pude dormir por primera vez después del primer puñal.

Esa hospitalización duró casi dos semanas en las que se intentó de todo y la fiebre no cedía. Me dieron baños de hielo, hubo cambios de medicamentos y nada. Ni el dolor ni la fiebre se iban. El primer instante de alivio llegó cuando el radiólogo intervencionista me extrajo con una aguja enorme y robusta líquido del pulmón. Sacó el equivalente a una taza y media de un líquido verde, viscoso y maloliente. Estaba podrida por dentro.

Cuando terminó la extracción me regresaron a la habitación y el semblante me había cambiado por completo. Pude respirar profundo por primera vez en semanas y sentí cómo la calentura cedía por fin, cómo el dolor me daba una tregua. A su vez, no podía parar de pensar en aquel líquido verde. ¿Sería la rabia que tenía por dentro? ¿La depresión te pudre el interior literalmente? ¿Sería esa la forma física del odio, del dolor?

Mejoré y me dieron de alta a las dos semanas, pero poco a poco los síntomas regresaban. Se me iba la voz, el dolor daba pequeñas punzadas, la fiebre iba y venía.

Pero se acercaba mi cumpleaños número 39 y decidí ignorar todo hasta esa fecha, la semana siguiente volvería a bregar con el asunto. Celebré con un desayuno con mis amistades y familia, me fui a un festival en el que había machinas como en los parques de atracciones y me zarandeé en la máquina que asemeja unas tazas y hace girar tu cuerpo con tanta fuerza que te pegan al espaldar y sientes que los cachetes se te salen del rostro. Jugué. Tenía claro que al volver al hospital no saldría en mucho tiempo.

Hechos todos los exámenes de nuevo quedó claro que el único camino posible era la cirugía, la misma a la que le había huido años atrás. Fui referida al cirujano, quien, al ver los pormenores del caso, me dijo que no me operaba al día siguiente porque no tenía el espacio en sala para ese día, pero que la semana entrante se haría el procedimiento. Luego de ahí todo pasó muy rápido. Exámenes, renuncias a proyectos por no saber cuánto podría demorar la cirugía, hacer un testamento, entender en una semana lo que es importante y lo que no y dejarlo escrito, organizar finanzas y textos, amistades y amores.

El día antes de la cirugía fui al salón de belleza, me alisaron el pelo y me colocaron un brillo transparente en las uñas que, para una cirugía, no pueden tener color por la importancia de observar la circulación en las yemas de los dedos. La noche antes, llevé a mi hijo a casa de mi hermana, me despedí de él, de mis dos sobrinos y de todos, y me fui con mi madre a casa a esperar la madrugada. Llegamos al hospital antes de las seis de la mañana. Antes de las siete ya estaba en la sala de cirugía. Tenía miedo, sí, pero tenía muy claro también que cualquier dolor que me esperara al otro lado de esa experiencia sería distinto al que llevaba ya meses experimentando. Un dolor conocido te hace fantasear con un dolor desconocido. La fe era moverme de dolor. Ni me cruzó el pensamiento que todo lo que estaba pasando era precisamente para sanarme, para quitarme el dolor. Ya era parte mí. Caes, aunque no quieras, en la trampa que más evades.

6

El inicio de la recuperación de la lobectomía y toracotomía queda borroso. Ese tiempo después de salir de la unidad de cuidados intensivos tras la operación es un tiempo interrumpido, desorganizado en su cronología por la experiencia. A veces, si había medicamentos para el dolor, descansaba algo. Si no, pasaba horas en un trance, tolerando, mirando el dolor entrar y salir del cuerpo como una ola. Recordé cuando, durante los dolores de parto, me agarraba de los extremos de la cama poniendo los brazos en forma de cruz, como quien se aguanta fuerte en lo que le pasa por encima una fuerza que va a partirle en dos. Pero ahora no podía levantar mi mano izquierda, por ese lado entraban los tubos y todos los nervios de la zona estaban activos tras los cortes. Además de esos malestares, que son los evidentes, una de las cosas que más le molesta a cualquier persona que sale de una cirugía compleja y de larga duración es la garganta. Debes ser intubada para el procedimiento, obviamente, y cuando despiertas sientes como si te hubieses tragado una colección de cuchillas que se regocijan en dejar en carne viva tu garganta. Tragar la propia saliva es un tormento y te mueres de sed, pero el agua te quema. Es algo menor, pero en este tipo de circunstancias el alivio de esos dolores menores ayuda muchísimo a tolerar los dolores mayores.

Los días pasaron así. A veces, podía tomar café y comer algo de pan. Mi hermana organizó un calendario de cuidos para que pasara el menor tiempo posible sola y mis amigos llegaban y hacían turnos. Con suerte me agarraban consciente y hacíamos chistes, otras me agarraban en el trance y no recuerdo bien qué pasaba después. Iban y venían como el dolor. Caminaba más cada día y les tenía menos paciencia a los tubos cada mañana. La incomodidad con los tubos se volvió intolerable y un médico vino a evaluar. Se habían movido de sitio y estaban mal acomodados. Los echó un poco hacia afuera y los volvió a colocar en su lugar. Se me trincó todo el cuerpo de la impresión. Lo sentí casi en la mitad de toda la espalda. No tenía idea de que el interior fuera tan evidente al exterior. Pensaba —ilusa— que la piel al menos te protegía de tus entrañas.

Estaba loca por irme, pero había que esperar. Finalmente, al noveno día me quitaron los tubos. El doctor me dijo que a la cuenta de tres y contó hasta dos y los arrancó uno a uno del costado. Entonces así es que se siente que te arranquen el cordón umbilical. Renacer después de viejo, toma varios días.

Me pude bañar y agarrar algo de aire. Me sentía liviana al fin, un poco más libre. Cualquier movimiento de torso era doloroso, pero manejable sin los tubos. Si lo hacía todo en cámara lenta estaría bien. Le pedí a mi madre que me tomara una foto de la cicatriz en la espalda para verla por primera vez. El cirujano, en efecto, era un artista. La herida que, como es natural, en ese momento estaba inflamada y enrojecida, los puntos internos y externos frescos, tenía la forma exacta de los pliegues de mi espalda. Tiempo después una amiga la vio y me dijo: es como si te hubiesen cortado un ala. Así de hermosa le quedó la obra al doctor, pero en ese momento, antes de buscarle la belleza me impresionó su anchura, su extensión, sus tonos rojos y oscuros, la evidencia de que literalmente me habían abierto por la espalda, extraído un órgano y vuelto a cerrar. Era como el rastro de una invasión, algo que pasó dentro de ti y de lo que únicamente conocerás la marca. Tiempo después también tendría pesadillas con manos que entran a mis costillas y me aprietan el corazón y todo lo que hay ahí.

Con los tubos ya por fuera, me dieron el alta. Una de mis amigas más cercanas estuvo allí y me acompañó empujando la silla de ruedas hasta la salida. En la casa de mi hermana vería por fin a mi hijo y empezaría el proceso de recuperar movilidad. Antes de llegar, me llevaron al salón de belleza a lavarme el pelo. Mi hermana repartió instrucciones en el lugar y de inmediato aparecieron almohadas y acomodos para poderme sentar. Llegué a la casa todavía con las marcas de los pegamentos de los sueros y chupones, cansada de intentar tanto descansar, frágil como era de esperarse, pero con la melena intacta y la posibilidad de mirarme al espejo y sentirme cercana a la que era antes de aquello.

Cuando mi hijo llegó de su escuelita me pude doblar levemente para abrazarlo. Por primera vez en todos esos días, agradecí haber despertado.

Al día siguiente de llegar a casa de mi hermana, insistí en treparme en su trotadora y caminar quince minutos a paso lento. Estaba decidida a salir de ese estado lo antes posible y me obsesioné con hacer todo lo que pudiese hacer para mejorar, para respirar, para recuperarme. Pero si algo debe entenderse de los procesos de recuperación es que ocurren en un ritmo realmente complejo de calibrar. Hay que empujarse, pero hay que entender cómo funciona el descanso. Ese instante en el que te sientes tanto mejor, no es el momento para salir corriendo a probar cosas más complejas. No podía casi ni cargar el peso de una toalla, entonces el día que lo logré ya quería cargar un galón de agua. Tienes que estacionarte largo rato en lo que puedes hacer, hasta que lo hagas sin esfuerzo, y entonces te empujas.

Yo me forcé tanto y me obsesioné tanto que, a menos de un mes de haber salido del hospital, empecé a sentir un extraño burbujeo en la zona de la cirugía. Se sentía como tener una máquina de *popcorn* en el pecho que explotaba palomitas con cada respiración. Para ese entonces ya había ido a hacer la compra, cargado cosas e iniciado una rutina de caminatas diarias que, a la mala entendí, estaban más allá de lo razonable. Estarse quieta cuesta. Tener ganas de moverse cuesta. No supe hacer bien ninguna de las dos. Ese balance toma tiempo alcanzarlo.

Un nuevo CTScan con contraste en el hospital mandó al técnico a correr al instante en que vio las imágenes y alertó a la mano derecha del cirujano. Me volvieron a hospitalizar. Lo que había quedado del pulmón izquierdo había colapsado. Nada inusual, me explicaron los médicos, pero había que tratarlo.

Esta vez los nuevos tubos serían más delgados, pero había que ponerlos sin anestesia. Recuerdo la sensación de la gota de sangre cayendo por el costado cuando abrieron la piel para insertar los tubos que, esta vez, eran más bien como un sorbeto. La pierna izquierda se paralizó completamente del dolor y no la pude sentir de nuevo hasta que ya estaba en la habitación. Me ubicaron en el piso de maternidad para protegerme de infecciones y ahí me quedé esperando varios días, con los tubos y la cajita que había que cargar a todos lados, en lo que otra vez se iban los líquidos que estaban demás y el pedazo de pulmón salía de su colapso.

La bendición de las amigas y amigos visitando y cuidando se duplicó. El hombre hermoso también estuvo y estuvo mucho. Me acompañó, me veló el sueño, me cargó la cajita tantas veces. Me sentí amada. Tengo mucha suerte.

Pero de esa recaída no salí tan bien como de la cirugía. Estaba golpeada, cansada, harta. Cuando el cuerpo te falla se siente como si te fallaras a ti misma, como si no fueras capaz de ser eso que te han dicho que debes ser, el hogar seguro de tu alma o algo así. La especificidad de la metáfora importa poco.

Lo que importa es que no sirves, no funcionas, te cansas con dar la lucha por estar aquí.

Mi condición tenía y tuvo solución y, aunque la recuperación sería larga, el proceso de tratamiento y cirugía duró unos pocos meses. Pienso en las personas que atraviesan tratamientos de cáncer por años o que batallan enfermedades crónicas toda la vida y la dimensión de esta experiencia se achica. A la misma vez, cada vez que he podido hablar con alguien que ha pasado una experiencia traumática de dolor físico, de pronto, independientemente de dónde esté cada uno en la vida y en su proceso, hay un entendimiento. Es como si miráramos el mundo desde el mismo balcón, un lugar al que acceden los que han podido entender esa gradación del dolor. Me lo explicó una amiga que convaleció en cama por meses tras un accidente y ha pasado años recuperando el uso pleno de su pierna. No es que el dolor te haga superior a nada, ni a nadie. Es que el dolor te hermana con quienes entienden su lenguaje y ya no es posible ver el mundo de otra manera. Para eso, insisto, me he sentado a escribir esto. La pieza de escritura más incómoda que he habitado en mi vida. Tanto que no puedo esperar a terminarla y olvidarla al fin.

7

Volví a estar triste después de haber salido del hospital esa segunda vez posterior a la cirugía. Tenía nuevas cicatrices de tubos de pecho que curar y una batalla diaria para encontrar una posición para dormir. Lo hacía casi del todo sentada con una almohada triangular y unas cuantas más que impedían el horror de hacer fuerza en el abdomen para ponerme de pie. Seguía necesitando ayuda para lo más básico, para bañarme, para cambiarme de ropa, y me daba rabia necesitarla.

Me estuve quieta, dormía siestas, comía sin hambre, reduje las caminatas y empecé a esperar que el tiempo pasara. En mi trabajo, el que pude mantener, fueron en extremo generosos. Me permitieron no solo atender la emergencia, sino que no tuve que preocuparme por nada durante los meses posteriores de recuperación. Tendría con qué pagar las cuentas y un trabajo seguro al otro lado de la salud. La gratitud que siento por la institución donde laboro trasciende mi propia capacidad de apalabrarlo. ¿Por qué nos conformamos con un sistema laboral y de salud donde esto es una excepción y no una regla? En cualquier otra circunstancia habría perdido estabilidad económica o habría tenido que volver a trabajar sin haberme recuperado arriesgándome a una futura recaída.

Aunque nos encanta hablar del papel individual de sanar, de lo mucho que hay que escuchar al cuerpo y todas esas linduras, poco hablamos de las estructuras sociales que permiten que eso ocurra. Tuve una cantidad de suerte que incidió en que hubiese el espacio mental y físico para recuperarme. Tuve una hermana y un hermano (mi cuñado) que pusieron su conocimiento, tiempo, espacio y energía en mi recuperación; una madre que a los 74 años me volvió a bañar como si fuera una bebé; un exmarido que, con todo el dolor de por medio, cumplió con sus compromisos económicos para el bienestar del niño; un trabajo que fue solidario, sensible y empático; amigos y amigas que me fueron a ver, a cuidar y a distraer; un padre que por poco pierde el juicio en el proceso, pero fue su manera de demostrar que le importaba; estuvo allí un hombre con quien se suponía que había tenido una relación casual y me hacía sentir hermosa incluso con los labios partidos de la fiebre. Tuve un cirujano realmente prodigioso; una enfermera —su mano derecha— que merece el oído de todos los dioses, es una maga, hace que todo suceda, es una joven impresionante. Tuve un neumólogo entusiasta, humanista y comprometido que siempre contestaba mis mensajes de texto y lo haría tiempo después, incluso cuando me dio una costocondritis tremenda por el ejercicio, y me apoyó y orientó en mis terrores de una recaída un primero de enero a las ocho de la mañana. Tuve amigas que me velaron el sueño o me contaron sus historias de vida mientras dormitaba. Tuve editores que esperaron pacientemente por mí, jefes que perdonaron tardanzas y despistes provocados por la medicación y el tornado que era mi cabeza en ese tiempo. Gente a la que le quedé mal por primera vez en la vida y me perdonaron porque simplemente les dije la verdad. Dar la cara siempre pesará más que su contrario. Tengo un hijo al cual volver, una razón para quererme levantar aunque cada doblez del cuerpo me doliese y me partiera en dos. Tengo dos sobrinos con los cuales jugar juegos de mesa y ver que sean más libres que yo. Tengo tanto más de lo que hace falta para sanar. Nadie hace nada solo. Sanar en soledad es un absurdo.

Pensar que es posible es soberbia. La enfermedad es un asunto colectivo, sanar es exactamente lo mismo.

Me conmueve y me abraza esa historia acerca de un hueso roto —un fémur— como una primera señal de civilización. La antropóloga Margaret Mead así lo consignó al explicar que un animal con una fractura grave jamás sobreviviría. De manera que un hueso roto y curado muestra que hubo alguien que cuidó al herido, que lo protegió y alimentó, que lo acompañó hasta que sanó. Es decir, que la civilización comienza cuando comienza el nosotros, no con la tecnología, no con las cosas del mundo, sino con la gente del mundo. Jamás habría sanado sin tantas personas, apoyos y circunstancias a mi alrededor. Entonces, cuando hablamos de dolor es absurdo, es incompleto y sirve de muy poco hablar de algo que le pasa a un cuerpo, a una persona. Hablar del dolor es un asunto social, colectivo, comunitario incluso, aunque esa palabra hoy día parece estar un poco desvirtuada. Se disfrazan de comunidad tantos esfuerzos que representan lo contrario que ya veo gente, incluso, sintiendo alergia ante la idea de un cuerpo que está hecho de otros cuerpos. No perdamos la palabra comunidad, no perdamos esa noción de ser un todo hecho del todo que somos cada uno. Perdemos demasiado en la transacción. Gana el cinismo y gana el dolor.

8

«Mira si estabas viva que esa cosa que quiso matarte no pudo contigo». Me lo dijo una de las mujeres que más admiro en mi país. Me lo dijo la primera vez que volví a ser maestra de ceremonias de un evento después de la cirugía. Usar un micrófono de nuevo se sentía como un atrevimiento, porque quien maneja micrófonos sabe que el aparatito no hace el trabajo solo, precisa de modulación de la voz, de una respiración específica, de un ritmo al hablar que le permita a tu voz expandirse más allá del cuerpo propio hacia los otros cuerpos que están allí. No me ahogué y sus palabras se me quedaron en la mente reverberando hasta ahora. Jamás había pensado que yo podía estar más viva que algo que tratase de matarme. La vida te la leen los otros en el rostro. Rara vez la reconocemos en el espejo.

Al cabo de unas tres semanas después de la segunda hospitalización pude regresar a mi casa. Aún necesitaba ayuda para casi todo lo esencial, pero no faltaron brazos para cargar a mi hijo y conté con mi madre para bañarlo y cuidarlo. Cada día podía hacer alguna cosa más —doblarme más, cargar algo un poquito más pesado, girar de lado el torso, andar menos trinca, dormir media hora más—, pequeños logros cotidianos.

La recaída me tumbó la moral, pero no sé si fue la terquedad, la vanidad o la rabia que provoca el sentirse débil lo que me motivó a enfocarme nuevamente en mejorar. Lo cierto es que en cuatro meses ya estaba subiendo las cuestas del Viejo San Juan y llevando a mi hijo a volar chiringas.

Se aprende a vivir con dolor. Se aprende a ignorarlo, a dejarlo que te atraviese como una ola, a domesticarlo y a no permitirle ocupar tus pensamientos todo el tiempo. Se le respeta, se le reconoce y se le da su lugar, pero no se le entrega la vida toda. Al menos no en los momentos en que ha sido superada la etapa más aguda.

En el otoño de ese año comencé a hacer pilates con videos de YouTube, una práctica que realizo desde

2001, cuando no era famosa ni tenía connotaciones culturales como ahora y la practicaba siguiendo las instrucciones de un libro que conseguí en una librería. Nada especial. Aún estaba en la escuela superior y aprendí a amar la sensación de solidez y gracia que me provocaba esa práctica. Así que me pareció la forma ideal de comenzar a moverme más allá de una caminata. El dolor en las costillas era permanente, había que fortalecer el centro.

Las primeras semanas no alcancé a hacer bien ni la mitad de los ejercicios de la corta rutina de 20 minutos, pero como he aprendido bien a desconfiar de mis pensamientos, no les daba ni media onza de atención y regresaba al *mat* en modo automático. Al mes ya podía hacer la rutina, mal hecha, pero completa. Y al final de ese año ya podía sentarme sola levantando mi torso desde el suelo sin ayuda. Durante un año completo me dediqué a hacer caminatas tan largas como pudiese tolerar y a repetir hasta perfeccionar esa rutina de 20 minutos de pilates que tanto trabajo me daba y ahora uso como calentamiento.

Dos o tres veces más regresé al hospital por un catarro común por el terror que me provocaba, pero con los meses comenzó a ser evidente al fin lo que ya los médicos me habían explicado hasta la saciedad:

la cirugía había sido exitosa, ahora hay que dejar que el cuerpo haga su trabajo y termine de sanar.

Imaginaba los puntos internos, los cortes, el pedazo de pulmón saliéndose por entre las costillas, el olor a hueso roto, el sonido del corte. Lo imaginaba todo. ¿Qué se habrá acomodado donde estaba aquello? ¿Se sentirá un poco solo mi corazón? Cuando llegaba a preguntas así me partía de la risa de lo fácil que podemos caer en imaginar y ficcionalizar realidades que son mucho más crudas y simples. Pudo ser terrible y no lo fue, y ya está.

Días después de la cirugía me explicaron por qué terminó siendo más larga de la cuenta, las complejidades del tipo de secuestro pulmonar que tenía y demás detalles. Pero, la verdad, tardé mucho en procurar entenderlo a mayor escala. Si debió durar medio día y duró el día entero, no quería saber por qué. Si en lugar de un secuestro extralobular, eran dos porque también había uno interno, tampoco quise saber. Tomé con curiosidad y humor las extrañas sensaciones que aún experimento en la zona izquierda de mi torso, desde el seno hasta el lugar en la espalda en el que está la cicatriz. Con los cortes de los nervios y músculos del área las conexiones se transforman y provocan cosquillas y sensaciones nuevas. A veces, por diversión, me toco el pecho izquierdo y lo siento en la espalda y me creo que soy maga y no le doy un segundo más de pensamiento.

Me costó también, mucho más que recuperar la movilidad y aliviar el dolor, el tener la cabeza clara después de esos dos años. Me fue imposible por demasiado tiempo el desvincular la herida viva del sueño familiar roto y la herida de la enfermedad. Estaba convencida de que una no existía sin la otra, que si mi cuerpo no hubiese estado tan golpeado por la depresión, a lo mejor habría podido sobrellevar mejor la infección, a lo mejor no hubiese sido una pulmonía tan destructiva, a lo mejor no me habrían partido en dos. Pero esos son demasiados «a lo mejor», y aunque es tentador conectar esos puntos y armar el cuadro completo, e incluso si lo pienso como narradora, la historia así contada tiene todo el sentido del mundo, me resisto a esa única versión. Creo que el cuerpo es uno solo, y como una persona que experimenta la somatización con bastante frecuencia, me inclino naturalmente a pensar que la debilidad en la que se encontraba el cuerpo y el pensamiento en la comunión que son abrió paso a la enfermedad de manera más expansiva. Sin embargo, también es perfectamente posible que esto es algo que iba a pasar, era cuestión de cuándo y en qué circunstancias. Elijo pensarlo así, en esa ambigüedad, porque es tan sencillo repartir culpas. Por mucho tiempo me convencí de que esto me había pasado porque aquello había pasado primero, y era mi culpa por mi papel en la implosión del proyecto familiar, y era culpa de la otra parte de ese proyecto por la misma razón. Y habrá algo de cierto en ello, pero el dolor —si lo escuchas bien, si de verdad le permites que te ocupe y te rindes a experimentarlo— te va a explicar que siempre es y ha sido como lo dijo el místico persa Rumi: es por la herida por donde entra la luz. Con perdón de quienes odian el cliché —a mí, la verdad, me encantan—, lograr relacionarte así con el propio dolor es el primer paso en la larga ruta de trascenderlo. Rendirse no siempre es un signo de derrota, rendirse al dolor es entender al fin que todo es más grande que esa ficción del yo a la que tanto nos aferramos. Que te atraviese el dolor, bajar la cabeza ante lo divino. La misma cosa.

9

Cuando cumplí 40 años un amigo muy querido me regaló una sesión de fotos desnuda. (Ya he explicado previamente que amo los clichés). Me sentía orgullosa de la cicatriz que cada vez se iba tornando más fina y elegante a mis ojos. Me gusta exhibirla y la llevo con orgullo y vanidad. Celebré ese cumpleaños rodeada de amigos, con el vestido que había utilizado años antes para uno de los días más felices de mi vida —mi despedida de soltera—, y gracias a la conspiración de dos buenas amigas, terminaron prestándome una corona real de las que se suelen utilizar en los ensayos de los certámenes de belleza. La misma amiga que me sacó del hospital me coronó aquella noche. A veces pienso que se me fue la mano con el festejo, con el cliché y con lo simbólico, pero cuando el dolor llega a dimensiones tan profundas también cambia tu perspectiva sobre el placer. Accedes a más. Eso lo aprendería del mejor modo posible.

Recuperar la sexualidad fue más sanador que cualquier medicamento, que cualquier ejercicio, que tantas otras cosas que intenté. El dolor te hace temerle a tu propio cuerpo y tardas en lograr entrar en ese estado de libertad y plenitud que te permite alcanzar el placer en todas sus dimensiones. Necesitas confiar en tu cuerpo para que pueda brindarte placer, pero la enfermedad te convence de que tu cuerpo no es confiable, te ha fallado y lo hará de nuevo. Cualquier sensación demasiado intensa es un peligro y reescribir ese entendimiento tiene su complejidad.

A mí me funcionó poner el hacer muy por encima del ser. Decidí que me iba a dar igual si me sentía frágil o no, si me sentía rota o no, iba a convencer a mi cuerpo por la vía de la acción de que podría volver a confiar en él. Ya había logrado volver a disfrutar de la intimidad sin la menor sombra de aquella experiencia, entonces, ¿por qué ahora iba a ser diferente?

El trauma se experimenta de muchísimas maneras, pero si hay algo de lo que estaba convencida antes, y ahora mucho más, es de que no iba a convertirlo en mi identidad. Yo no era el resultado de la violencia sexual, del mismo modo que tampoco iba a ser solamente un cuerpo enfermo y en eterna espera de una recaída.

Me convencí de ello exponiéndome, alzando cosas cada vez más pesadas hasta que mis propias acciones le decían a mi cuerpo que era fuerte; besando bocas nuevas y permitiéndome sentir como si fuera a explotar, a partirme en dos. ¿Y si, después de todo, romperme es lo peor y lo mejor que podía pasarme? Pues ya me había pasado. Nada que temer.

En ese periodo tuve amantes generosos que miraron mi cicatriz con respeto, curiosidad e, incluso, deseo. Tuve amantes que entendieron cuando el agite del esfuerzo físico me asustaba un poco y quería parar. Hubo amantes que me recordaron que hay ciertos dolores que preceden al placer, que son el preludio de algo maravilloso. Hubo amantes que me recordaron que este cuerpo puede ser también un parque de diversiones, una machina con ningún otro propósito que jugar y divertirme y que no todo lo relacionado a este cuerpo tenía que ser pesado, denso, sombrío.

Gritar de placer, como gritar de dolor. Es un regalo conocer esa dualidad en el cuerpo propio.

Al cumplir poco más de un año de la cirugía fui a mi chequeo neumológico habitual y, para mi sorpresa, a pesar de todo el ejercicio que hacía, del cuidado que tenía de evitar o controlar catarros, de la mesura ante el periodo de la llegada de los polvos del Sahara a la isla y de tantas otras previsiones, las pruebas confirmaron que había perdido un poco más de capacidad pulmonar. Estaba peor que como había quedado después de la cirugía. Debí preocuparme, pero lo que me dio fue rabia, y la rabia es una fuerza soberana capaz de cosas extraordinarias. Bendita sea la rabia cuando te visita si eres capaz de que te atraviese para bien.

Saliendo del médico me anoté en la primera carrera 5k que encontré disponible. Tenía una pequeña correa para caminar en la casa y comencé a levantarme a las cinco de la mañana —con rabia— a entrenar. No aguantaba ni 10 minutos trotando sin parar, pero me presenté en la bendita correa una y otra vez hasta que pasé los 15 minutos.

La primera vez que corrí una milla sin parar en ese periodo rabioso por poco me explota el pecho del susto, no del dolor. El agite del corazón y la fuerza de la respiración me impresionó tanto que me asusté y tuve que parar. Una vez aprendes lo que se siente cuando te falta el aire, cualquier sensación que se asemeje te paraliza. Tenía oxígeno a la mano, paré, respiré y me calmé. Caminé unos minutos y seguí. Completé tres millas ese día. La terquedad es una virtud, no acepto lo contrario.

Los médicos me dieron luz verde para correr, aunque a mi familia le parecía una locura. Lo era un poco. No hay muchos estudios clínicos de recuperación de lobectomías y toracotomías por secuestro pulmonar. Casi todos documentan casos de este tipo de cirugía provocados por cáncer de pulmón, de manera que los estudios donde se muestra expectativa de vida parten de ahí. El número son veinte años, pero suele ser así porque el cáncer —en la mayoría de los estudios— regresa y por esa razón la persona fallece. Leí todos los que pude. No siempre los entendía fácilmente. Hay un lenguaje técnico que me supera, pero leí «veinte años» y se me pegó en la cabeza. ¿Qué voy a hacer si lo que vivo son veinte años más? De algún modo he decidido vivir lo que me toque de vida así, a partir de esa sentencia que no me pertenece. Porque la verdad es que uno se muere de nada y lo sobrevive todo. Existimos en esa paradoja. Entonces, me sirve elegir cómo navegarla. Elijo pensar que me puedo morir mañana, que seguro me muero en veinte años, que soy ese caso peculiar que le gana al tiempo y me muero cuando sea que me toque porque como dice la canción: sabe uno dónde nace y no dónde va a morir.

Seguí corriendo y llegó la fecha de esa 5k. Lo hice en 39 minutos, corrí lento pero consistente y terminé. La sensación de euforia al final me generó sensaciones nuevas en el cuerpo. Toda la vida había sido una persona a la cual las pruebas se le hacían fáciles. Pero correr era una de esas cosas por las cuales podía sentirme orgullosa porque me tomaba un esfuerzo distinto. Salir bien en una clase, lograr cosas vinculadas al intelecto, no es que no me costara esfuerzo, pero era aquello a lo que estaba acostumbrada. No porque hubiese nada especial, sino porque el sistema de evaluación y valoración del modo en que la inteligencia se manifiesta en algunos casos me había favorecido hasta ese momento. Pero yo sabía que había mucho más, entendía bien mis carencias. Por eso siempre me fascinó entrevistar atletas. Tenía muy claro que ellos entendían cosas sobre el cuerpo que yo no.

Al correr y lograr una milla y otra, al lograr no detenerme a caminar y simplemente seguir, al ponerme retos de distancias y tiempos y cuestas sentía que hacía algo por lo cual verdaderamente podía sentirme orgullosa. Me daba un trabajo físico y mental descomunal. Distinto a otras experiencias en las que, si bien siempre había esfuerzo, estaba en espacios en los que fluía de manera natural, tranquila; esforzarme era un placer. Al correr, esforzarme será un placer, pero al final. En el instante justo te duelen las piernas, te aterra el ahogo, te preguntas qué rayos hago aquí empujando mi cuerpo de esta manera sin que siquiera haya un animal o alguien persiguiéndome. Se convirtió en una meditación en movimiento, en un acto de la máxima expresión de mi terquedad y —lo digo con orgullo— de mi disciplina, la única cosa que el dolor no había podido destrozar. Poco a poco lograba enseñarle a mi cabeza, por la vía del cuerpo, que merezco respeto porque me lo he ganado. Porque no puede olvidarse que el dolor, sea físico o mental, te coloca en una posición de vulnerabilidad en la que cualquier noción de dignidad es secundaria. Entonces recuperar la dignidad se vuelve una cuestión de acumular evidencias, acciones concretas que le confirmen desde el cuerpo a la cabeza la versión de la realidad y de la propia identidad que queremos que se instale.

Esta idea de que los cambios inician en el pensamiento y con las emociones y, posteriormente, se manifiestan en el cuerpo nunca funcionó para mí. Yo me transformo de afuera hacia adentro. Las ideas me llegan por la carne, y si se instalan bien ahí, acaban ocupando todo lo demás.

La literatura científica más reciente ya lo explica con claridad. El trauma vive en el cuerpo, no solo en la mente, y los movimientos repetitivos, como correr, son extraordinarios para regular el sistema nervioso. Algo pasa después de un largo rato realizando la misma acción. Llega un momento en que todo lo físico ocurre sin esfuerzo mayor, la mente se expande y accedes a lugares del pensamiento que no suelen estar accesibles. Correr es una llave al interior.

Seguí apuntándome en carreras de modo más bien silvestre. Sin un plan de entrenamiento claro, sin una meta clara. Simplemente, quería seguir corriendo y tener una fecha en el calendario en la cual hacerlo rodeada de personas, ganar una medalla y un guineo y sentirme parte de algo. Empecé a ver los rostros de las personas en las carreras, sus gestos de orgullo propio al llegar a la meta, la mirada inocente que hace la mayoría cuando recibe una medalla al final. Hay un resquicio de la infancia en ese momento en el que se recibe la medalla y te la cuelgan del cuello. Uno baja la cabeza y la observa. Se detiene en sus formas y en lo que dicen. Agrada el peso del objeto colgando del cuello. Es una recompensa enteramente simbólica que se torna más concreta que cualquier otra. En ese sencillo símbolo se reúne la historia de un cuento que cada uno de los que está ahí ha vivido de manera distinta.

Quise seguir y, antes de que terminase 2024, hice mi primera carrera de diez kilómetros, una distancia que, en ese momento, me parecía inalcanzable. Habrá sido la dopamina o la falta de juicio, pero en enero de 2025 decidí por la vía de la locura anotarme a mi primer medio maratón. Quise que fuera el San Blas, una de las carreras de mayor tradición en el país, celebrada en el municipio de Coamo, a media hora de mi pueblo natal, Aibonito. De niña mi padre me llevó varias veces a ver a los corredores, que en aquellos años solían ser algunos de los más reconocidos del mundo. El correr entonces era una cuestión de pocas personas, la mayoría profesionales o gente con disciplina y compromiso. No había la proliferación de corredores que hay ahora, ni mucho menos la amplitud de la cultura de corredores tanto en la isla como alrededor del mundo. Eran pocos, eran especiales, me parecían extraños y misteriosos. Me fascinaban.

El 2 de marzo de 2025 seríamos más de tres mil. La ruta es para valientes, llena de cuestas elevadísimas y bajo el calor coameño que siempre ha sigo legendario. Por ignorancia y atrevimiento entrené sola. Bajé un plan del internet y lo seguí lo mejor que pude. Demás está decir que fue un error y que no estaba tan preparada como pude haberlo estado para esa prueba física, pero la verdad mi deseo era completarlo. Eso, en sí, sería logro suficiente.

Me levanté de madrugada por meses, corrí en la pequeña correa de caminar, en la calle cuando podía, con ganas y sin ganas. Hice la misma ruta en el Viejo San Juan una y otra vez. Leí todos los libros que cayeron en mis manos sobre el tema; bueno, más bien los escuché en su formato de audiolibro mientras corría y llegué a la fecha de la carrera con emoción adolescente. No recordaba sentir anticipación por nada desde el nacimiento de mi hijo. Recuperar el deseo de que algo suceda es la gran cosa.

Naturalmente, me vestí de blanco. Debo tener problemas con ese color y los ritos que emulen los casamientos. Para odiar tanto lo puro, me va fatal en ese asunto. Pero como dice una frase que leí en alguna parte que no puedo recordar. (La busco y confirmo que la colocó en su Instagram un autor de nombre Andrés Martínez, comentando la frase hermosa de Walt Whitman). «Sí, me contradigo. Y ¿qué? Soy inmenso y contengo multitudes». Me gusta mucho cómo él lo dice: «Me contradigo, sí. Porque no soy una resignación, soy —y es todo el que quiere también— un campo de batalla…». En mi campo de batalla vestimos de blanco y repudiamos la pureza. Así es y ya está. No ser una resignación me parece ganancia suficiente.

El medio maratón San Blas es una experiencia que agradezco haberme regalado. Es un evento que le pertenece al pueblo de Coamo. La gente sale de sus casas a lo largo de toda la ruta a apoyar a los corredores, cantan, tocan sus instrumentos a tu paso, te gritan cosas que necesitas escuchar. Recuerdo al señor mayor que me dio hielo en un momento de la ruta. En el Caribe el hielo nunca dejará de ser la gran cosa. Se evaporó en segundos, pero fueron algunos de los segundos más felices del trayecto.

Las cuestas eran rabiosas, sobre todo la más famosa de todas, conocida como el «Ajoguillo», por lo obvio y por sus largos kilómetros de inclinación inclemente. Hay muchas cuestas más, pero vencer esa te hace sentir un nivel particular de orgullo propio. Seguí, paré a caminar cuando lo necesitaba y lo completé en poco más de dos horas y media. Nada especial, pero haberlo completado ya era suficiente alegría para mí. Terminé un poco sorprendida de lo que mi cuerpo acababa de hacer. Realmente, no lo entendía.

Debía estar feliz, emocionada, en plenitud, pero en los meses siguientes lo que sentí fue un cansancio prolongado, una tristeza honda, como si hubiese dejado en esos 21 kilómetros toda la motivación. No encontraba cómo seguir corriendo, perdí el foco de por qué estaba haciendo esto. Es muy fácil restarle sentido a aquello que nos hace bien, sobre todo cuando se siente difícil y agotador.

Había comenzado también a ir al gimnasio, me había comprometido con comer más y mejor para ganar masa muscular y que ninguna enfermedad jamás me fuera a agarrar débil de nuevo. Seguí apuntándome a carreras aquí y allá y hacia el final del verano decidí sacudirme lo que fuera que haya sido la causa de esa sensación paralizante y me puse a entrenar en serio con un experto.

Me propuse completar durante el primer fin de semana de noviembre un reto de corredores conocido en el país como el Lola Challenge, un evento en el que participan miles de personas y en el que se completa un 5k viernes, un 10k el sábado y se cierra la jornada el domingo con un 21k. Entrené para ese reto cuatro días a la semana sin fallar una sola vez. Volví a disciplinarme y a encontrar en ese encierro algo de norte y paz. Corrí en medio de viajes, de compromisos de trabajo, bajo lluvia o más de dos horas y media en una trotadora porque no había otra opción. Me harté de mi propia disciplina, tuve ganas de parar, tuve rabia, tuve gratitud, tuve miedo, tuve alegría. Empecé a recuperar onzas de ganas de vivir del único modo que me ha resultado efectivo, a través del cuerpo y de los sentidos. Con perdón de los virtuosos, pero creo que yo más bien siento, luego existo.

Completé el reto corriendo de verdad, a buen ritmo y sintiéndome fuerte. Obviamente, quien quiere leer encuentra qué leer en cualquier parte y al llegar a la meta justo al finalizar el medio maratón rayó el cielo un arcoíris hermoso. Sentí lo mismo que la primera vez que volví a bailar. Estaba en una fiesta navideña del trabajo junto a una amiga muy querida y empezamos a movernos de lado a lado al ritmo de la música como lo habíamos hecho tantas veces en el pasado, como lo hacía siempre. Entonces, en medio del movimiento me di cuenta con asombro de que estaba moviendo mi torso con un nivel de dolor tolerable. Estaba bailando. Era posible volver a bailar. Esa mañana, bajo aquel arcoíris y después de todo aquel esfuerzo entendí, al fin, que era posible volverme a respetar, a tratarme bien, a perdonar y perdonarme. Entendí que a través del cuerpo podía llegar a pensar y sentir de modos tan distintos. Entendí que la carne y los huesos eran capaces de reescribirme por dentro.

10

Una voz interior me ha taladrado el mismo pensamiento a lo largo de la escritura de este libro, un ejercicio que, por momentos, a decir verdad, pensé que iba a acabar conmigo. Pero mis dedos seguían, aunque me faltaban ganas y voluntad. Las manos pudieron lo que la mente y el espíritu negaron. Una tecla tras otra como un piano, una pisada tras otra como un baile. El cuerpo cuando piensa baila y cuando baila piensa. Así lo entiendo al fin.

Pero esa voz insiste. No me abandona. Me pide hacerla presente aquí. Es una pregunta: ¿Para qué contar eso? ¿Para qué publicar esto? ¿A quién le importa? ¿A quién le sirve? Sería simple decir que esa voz pertenece a algo tan humano como el sentirse insegura, o al temor al juicio o a la ansiedad de saberse tan revelada; pero creo que no se trata de ninguna de esas posibilidades. Creo que simplemente mi cuerpo está asombrado de la libertad que ha adquirido al narrarse, al permitirse existir en sus contradicciones, quiebres y placeres. Esa voz le habla a un cuerpo que este nuevo cuerpo se tragó. Del polvo ya hay vasija nueva, y me toco y me observo y me siento y apenas me reconozco aún. Renacer es una experiencia extrañísima, perturbadora, incómoda.

Creo que también la palabra, sabiéndose tan poderosa siempre, suele impugnarse a sí misma para evitar malograrse y desgastarse. Se cuestiona su propia existencia para luego afirmarla sin culpas. A esa voz le respondo con las yemas de los dedos. No sé a quién le importe, tampoco entiendo bien la pulsión en el pecho que no me ha dejado tener paz hasta que lograra terminar de juntar estas palabras y contar lo que pasó en estos años. Mas sí sé que tiene sentido compartir esto porque estamos en un momento en la cultura en el que el vocabulario en torno al dolor se ha vuelto definitivo y definidor. Está de moda construirse identidades a partir de cada dolor y, si bien tiene su valor, es urgente y es importante reconocer y nombrar las distintas maneras en que lo experimentamos como humanos; es un peligro reducir nuestra condición humana y experiencia de vida e identidad únicamente al dolor que nos atraviesa.

No he sentido el mayor dolor del mundo. Vivo esto en medio de guerras y genocidios, vivo, y es un verbo que puedo conjugar, y eso ya de por sí es muchísimo. Pero conozco el dolor y nunca tendremos suficientes imágenes o palabras para nombrarlo. Este en particular ha sido un dolor nacido de la ruptura de lo visible y lo invisible. Tener un pulmón —el aire mismo— secuestrado de manera literal y simbólica por tanto tiempo algo me ha enseñado. Porque, ¿cómo es eso de que te secuestren un pulmón? ¿Cómo es eso de que respirar sea algo que hay que aprender después de vieja? Si un secuestro es una retención indebida a cambio de un rescate, un secuestro pulmonar tiene que ser la retención del ritmo natural de la respiración a cambio del único pago aceptable: aprender que respirar es mucho más que absorber el aire por pulmones, branquias y tráquea y exhalarlo modificado. Respirar es entender al fin que para estar vivos hay que dejarse atravesar por el aire, hay que rendirse a lo invisible y, sobre todo, dejarse transformar.

No creo en esa frase que usamos para consolarnos cuando decimos que las cosas pasan por una razón, creo que uno debe impartir razón y sentido a las cosas. Elegir qué van a significar o no en la vida propia y hacerlo a conciencia de que en ese ejercicio habremos de descartar muchas posibilidades. Me siento útil compartiendo esta elección, y ser útil es lo único que tiene sentido para mí en la vida. Servir de algo. Servir a alguien. Servir.

Sigo corriendo y repito la misma ruta. Sigo alzando pesas y mis brazos se ven tan raros en las fotos. No los reconozco. Ahora casi siempre respiro sin conciencia de que lo hago, aunque cuando hace frío lo siento en las costillas y la cicatriz toda. Aunque cuando creo que ya nunca me va a doler, me duele respirar de nuevo, y hay que recordar que ninguna ruta que tenga sentido será lineal.

Nada es igual y es maravilloso —o elijo pensar que lo es— que así sea. Porque ahora entendí al fin una verdad que me era desconocida. No todo el amor nace en el espectro de lo invisible —el alma, la mente—, hay amores y formas de amar que se forjan en los huesos y poco a poco te crecen en el cuerpo.

De este cuerpo roto aprendí que el amor también nace de la carne.

AGRADECIMIENTOS

Escribir una página como esta provoca terror. Así de importante es la gratitud. Una no quiere dejar a nadie fuera, un olvido sería imperdonable. Sobre todo porque nadie hace nada solo. Ni siquiera escribir un libro. Se llega a ese encuentro con las palabras y el pensamiento cargando todo lo vivido con tantas personas. Escribir es también reproducir, reescribir las marcas que nos dejan los encuentros humanos. Aquí este intento de no dejar un trazo fuera o más bien, debiera decir, he aquí esta carta de amor: desparramada e incompleta, como todas.

Gracias a Gabriela Wiener por aquel mensaje por Instagram en el que me sembró la semilla de atreverme a escribir de esto alguna vez. No logré el libro que imaginamos, pero con el tiempo hubo agricultura. Gracias a Eliezer Budasoff por leerme en medio del pánico del proceso y empujarme con gracia y maña a seguir. Gracias a Mara Pastor, Tatiana Pérez Rivera y Camile Roldán por esas primeras lecturas urgentes, por sus comentarios sabios y por la bendición de su ejemplo y amistad. Gracias a Cristóbal Pera Román por su generosidad, sus notas editoriales, su paciencia y su fe en este relato. Gracias a Mayra Ortiz Nieves por la complicidad en este proceso, a Leyra González por la hermandad que todo lo puede y por llegar a sacarme del hospital, a Ariadna Godreau por ser inspiración y fuerza de la naturaleza, a Iliana Fuentes Lugo por tantas alegrías vividas y por los cuidados amorosos, a Gabriela María Camacho Negrón por ese amor felino, a Edenmarí Class Montijo por aquella noche en el hospital y por la hermandad que se multiplica, a Laura Mattei por sus cuidados y capacidad de sanar cualquier cosa. Gracias a Carol Pires y Natalia Algarín por sentirlo conmigo, por enseñarme el punto exacto entre la densidad y la liviandad y por insistir en que volveríamos a bailar. Gracias a Pablo Arroyo León, gemelo amado, y a Víktor Luis Rodríguez, hermano de raíz, por sanar juntos cicatrices frescas y viejas. Gracias a Esteban Carmona Ramos por estar de todas las formas posibles, a Ángel Antonio Ruiz Laboy por siempre saber cuándo salir a caminar. Gracias a los amados Silverio Pérez y Yessica Delgado por las visitas, el amor y el humor. Gracias a Cristina Fernández por llegar siempre a tiempo al corazón. Gracias a Jonatán Prieto por cada milla corrida y por enseñarme lo que es ser puro sol.

Gracias a mi neumólogo, el doctor Joel Nieves Scharon, por su compromiso con mi caso, y a mi cirujano, el doctor Juan José Hernández, por sus manos de artista y dedicación a la medicina; también a su mano derecha, Elizabeth, quien se ocupó con la gracia de los ángeles de que todo lo que debía suceder, así lo hiciera. Gracias a la radióloga, la doctora Amanda Marrero González, por cada explicación y por agarrarme la mano en el momento justo. Gracias a mi madre por maternarme una vez más, y a mi padre por vivirlo vicariamente. Gracias a toda mi familia, amistades y colegas por su amor expresado de tantas maneras distintas.

Gracias al equipo de enfermería del hospital Pavia de Santurce, sin ustedes el verbo sanar no tiene sentido. Gracias a la Fundación Ángel Ramos por su apoyo contundente y solidaridad absoluta en todo el proceso. Gracias a todas las personas que comprendieron con generosidad y desprendimiento el que tuviera que dejar atrás proyectos y compromisos.

Gracias al fotoperiodista y amigo querido Ramón «Tonito» Zayas, por tu generosidad de años y la belleza de tu filtro para ver el mundo. Gracias a Cezanne Cardona, por tu lectura y la bendición de tus palabras. Gracias, Manolo Núñez Negrón, por tus espaldarazos que son los más alegres del mundo. Gracias, maestro Martín Caparrós, ojalá algún día logre estar a la altura de tus enseñanzas.

Gracias a mi cuñado Néstor por la bendición de tenerte como mi hermano mayor y cuidarme tanto. Gracias a mi ombligo al mundo, mi hermana Ana Cristina, por recogerme rota y volverme a armar. Gracias a mi sobrino Néstor Emilio por los dibujos y los abrazos, a mi sobrina Eva Cristina por vivir con la libertad que yo anhelo experimentar un día. Gracias al ser por el cual volver a respirar tuvo sentido, mi hijo Nicanor Lacén Toro. Y gracias a mi amiga y hermana —a quien dedico este libro— Odette por acompañarme en cada respiro y por trazarme una ruta de regreso a ese lugar de donde nacen las ganas de vivir.

Gracias.